ZAAR Schriftenreihe Band 3

# Zukunft der Arbeitsgerichtsbarkeit

**ZAAR Schriftenreihe**

Herausgegeben von Volker Rieble

Band 3

# Zukunft der Arbeitsgerichtsbarkeit

2. ZAAR-Kongreß

ZAAR Verlag München 2005

Bibliographische Information Der Deutschen Bibliothek

Die Deutsche Bibliothek verzeichnet diese Publikation
in der Deutschen Nationalbibliographie;
detaillierte bibliographische Daten sind im Internet über
http://dnb.ddb.de abrufbar.


Infanteriestraße 8 | 80797 München
www.zaar.uni-muenchen.de | info@zaar.uni-muenchen.de

Druck: Lipp GmbH Graphische Betriebe
Gedruckt auf säurefreiem und chlorfrei gebleichtem Papier

Printed in Germany

ISBN 3-9809380-3-4

# Vorwort

Immer wieder wird im Rahmen der Justizreform die Zusammenführung von Ordentlicher und Arbeitsgerichtsbarkeit diskutiert. Derzeit liegt die Diskussion – vor allem der Zusammenlegung von Verwaltungs- und Sozialgerichtsbarkeit auf Eis. Doch wird diese wiederkehren und sodann die nächste Stufe der Eingliederung der Arbeitsrechtspflege in die allgemeine Zivilrechtspflege aufgewärmt. In der Tat ist es eine berechtigte Frage, ob die Spezialisierung in fünf Fachgerichtsbarkeiten erforderlich und sinnvoll ist, zumal andere Staaten und ihre Rechtspflegesysteme ohne sie auskommen. Doch konzentriert sich die Diskussion vorschnell auf Organisationsfragen und die in Zeiten knapper Staatsressourcen denkbaren Einsparmöglichkeiten. Aus Sicht auch der Arbeitsrechtswissenschaft ist aber zuerst zu fragen, welche Aufgaben die Arbeitsrechtspflege im Verhältnis zu den Rechtspflegeaufgaben der Zivilgerichtsbarkeit wahrnehmen soll. Erst wenn über die Aufgaben Klarheit herrscht, kann über die richtige Organisationsform gestritten werden. Darum also geht es: Was muß eine moderne Arbeitsrechtspflege in wirtschaftlich angespannten Zeiten und angesichts der Massenarbeitslosigkeit leisten und welches sind die spezifischen „Besonderheiten des Arbeitsrechts“ unter Einbezug gerade der kollektivrechtlichen Fragen? Und dann erst: Kann diese Rechtspflegeaufgabe von den Zivilgerichten – insbesondere durch besondere Spruchkörper, vergleichbar den Familiengerichten oder den Kammern für Handelssachen – wahrgenommen werden? Schließlich muß gefragt werden, welche Verbesserungen im bestehenden Arbeitsgerichtsverfahren möglich sind. Zusammenlegungsdiskussionen dürfen nicht zur Lähmung führen.

München, Juni 2005

Volker Rieble, Direktor des ZAAR

# Inhaltsübersicht

Seite

## § 4 Strukturvergleich und Entwicklungschancen aus Sicht des Revisionsrichters



## § 5 Anforderungen an eine moderne Eingangsinstanz

# § 1 Arbeitsrechtspflege unter Modernitätserwartung

Rn.

## A. Referat Volker Rieble *

## I. Die Zusammenlegungsdiskussion

### 1. Ausgang

1 Im Rahmen der derzeit auf Eis liegenden Justizreform wird neben der Zusammenfassung der öffentlich-rechtlichen Gerichtsbarkeiten auch die Zusammenlegung von ordentlichen und Arbeitsgerichten befürwortet. 1997 hatte der Sachverständigenrat „Schlanker Staat" die Zentralisierung der Rechtspflege und die Konzentration auf zwei Gerichtsbarkeiten gefordert[1]. Daran schloß sich eine intensive Diskussion an, bei der vor allem Stimmen der Arbeitsgerichtsbarkeit und des Arbeitsrechts die Beibehaltung einer selbständigen Arbeitsgerichtsbarkeit gefordert haben[2].

2 Dabei muß man sich im Klaren darüber sein, daß eine Zusammenlegung eine Verfassungsänderung erfordert, weil Art. 95 GG fünf oberste Gerichtshöfe für die fünf Gerichtsbarkeiten vorschreibt. Die Frage, ob die Norm nur die Gerichtsorganisation des Bundes erfaßt oder auch getrennte Gerichtsbarkeiten in den Ländern vorgibt[3], ist weniger bedeutsam. Denn die Option einer einheitlichen ordentlichen Gerichtsbarkeit mit BGH und BAG als getrennten Bundesgerichten verfehlt die Rechtseinheit gerade an der Spitze und stellt damit das Zusammenlegungskonzept auf den Kopf. Wenn aber mit Blick auf die Bundesgerichte ohnehin eine Verfassungsänderung erforderlich ist, könnte Art. 95 GG insgesamt auf zwei Gerichtsbarkeiten hin konzipiert werden.

3 Denkbar sind verschiedene Modelle, die an die Stelle einer eigenständigen Arbeitsgerichtsbarkeit treten können.

- Nur theoretisch: die vollständige Eingliederung der Arbeitsgerichte in die Zivilgerichte ohne eigene institutionelle Spruchkörper – wie für die ebenfalls

---

* Professor Dr. Volker Rieble, Zentrum für Arbeitsbeziehungen und Arbeitsrecht, München.

1 *Sachverständigenrat „Schlanker Staat"*, Abschlußbericht (1997); aus den Vorträgen dazu *Funke*, Grundlagen für eine Strukturreform, DRiZ 1998, 120; *Heitmann*, Möglichkeiten der Justizentlastung, DRiZ 1998, 124.

2 Etwa *Aust-Dodenhoff*, Die Arbeitsgerichtsbarkeit auf dem Weg zur ordentlichen Gerichtsbarkeit?, NZA 2004, 24; *Düwell* in: Düwell/Lipke (Hg.), Arbeitsgerichtsverfahren (ArbGV) 2000, Einleitung Rn. 249 ff. *Nielebock*, „Fünf oder zwei Gerichtsbarkeiten"?, NZA 2004, 28; *Redeker*, Vereinheitlichung der öffentlich-rechtlichen Gerichtsbarkeiten? NJW 2004, 496; *Schild/Weth*, Aus fünf mach zwei – einige Gedanken zur geplanten Zusammenlegung der Gerichtsbarkeiten, in: FS Ress (2005) S. 1555 ff.; aus dem Internet: Stellungnahme des Arbeitsgerichtsverbandes www.arbeitsgerichtsverband.de/Texte%20zur%20Eigenstaendigkeit.pdf, zuletzt abgerufen am 29.8.2005; *Opolony*, 25 Jahre ArbGG 1979 – Ein Blick zurück nach vorn, NZA 2004, 519, 524; *Schrader, Straube, Schubert*, Ade Arbeitsgerichtsbarkeit?, NZA 2004, 899; *Brand, Fleck, Scheer*, Fünf oder zwei Gerichtsbarkeiten? Alter Wein in neuen Schläuchen?, NZS 2004, 174; Kritik vor allem der Anwaltschaft äußerte sich auch auf der Tagung des Deutschen Arbeitsgerichtsverbands e.V. am 11.2.2004, RdA 2004, 253.

3 Für eine Beschränkung des Regelungsinhaltes auf die Bundesebene *Herzog*, in: Maunz-Dürig, Komm. z. GG, Art. 95, Rn. 42; dagegen sieht *Achterberg* in: Bonner Kommentar zum Grundgesetz, Art. 95, Rn. 130 auch die Länder aus Zweckmäßigkeitserwägungen und der Verfassungswirklichkeit gebunden, ebenso *Müller*, Struktur und Ressortierung der Rechtspflege, RdA 1961, 344.

auf sozialen Schutz ausgerichteten Wohnungsmietsachen (Beispiel: niederländische Arbeitsgerichte).

- Eingliederung mit besonderen, „spezialisierten“ Spruchkörpern aber ohne Besetzung mit Laienrichtern, wie die Familiengerichte und die Kartellsenate bei den OLG und dem BGH (so in Italien).
- Eingliederung als besondere Spruchkörper mit Beisitzern – vergleichbar, den Kammern für Handelssachen, den Schöffengerichten in Strafsachen, den Jugendgerichten, aber auch den sozialgerichtlichen Kammern für Angelegenheiten der Grundsicherung für Arbeitssuchende (§§ 10 Abs. 1 Satz 1, 12 Abs. 5 SGG)[4].
- Eine Flexibilitätsklausel, die den Ländern die Gerichtsorganisation überläßt – entweder landesweit einheitlich oder mit Differenzierungsmöglichkeiten innerhalb des Landes (ländlicher/städtischer Raum).

## 2. Schwache Argumente

Die Diskussion ist merkwürdig – weil sie sich in Zeiten knapper Staatskassen vor **4** allem auf Sparbemühungen konzentriert. Dabei wird weder überschlägig kalkuliert, wie hoch die Einsparungen sein können, noch wird über die Einnahmeseite nachgedacht (unten II.5), noch wird eine Kosten-Nutzen-Analyse vorgenommen, die danach fragt, ob die Arbeitsgerichtsbarkeit ihren Preis wert ist. Vor allem aber lassen sich die Sparziele auch anders als durch eine Zusammenlegung erreichen.

### a. Sparen, sparen, sparen

Den Zusammenlegungsbefürwortern geht es zuerst um **effektiven auslastungs-** **5** **bezogenen Personaleinsatz**, also die Nutzung von Versetzungsmöglichkeiten innerhalb derselben Gerichtsbarkeit[5], und um **Einsparungen durch Synergieeffekte** – einheitlicher Leitungsapparat und operative Ersparnisse durch gemeinsamen Einkauf, Bibliotheken, Sitzungsräume und Geschäftsstellen – also dasjenige, was man neudeutsch *„shared services“* nennt.

Synergieeffekte können ohne Zusammenlegung erzielt werden, wenn Arbeitsgericht **6** und ordentliches Gericht räumlich zusammenhängend residieren. Die Einsparung an Gerichtspräsidenten und -direktoren ist marginal, wie man an der Abschaffung des Bayerischen Obersten Landesgerichts sehen kann. Umgekehrt spielen die Kosten einer Zusammenlegung – insbesondere des Umzugs und der Bezirksangleichung – langfristig keine Rolle, weil diese nur einmal anfallen.

Effektiver Personaleinsatz hat mit Organisation zunächst wenig zu tun. Die zu **7** organisierende Aufgabe, also der Zweck der Organisation, folgt nicht dem sie

4 In der Fassung des 7. SGGÄndG vom 9.12.2004, BGBl 2004 I 3302.

5 Hierzu etwa *Eylmann/Kirchner/Knieper/Kramer/Mayen*, Zukunftsfähige Justiz – Strukturreform durch Konzentration auf ihre Kernaufgaben, Studie für das Niedersächsische Justizministerium (2004), http://cdl.niedersachsen.de/blob/images/C4531808_L20.pdf, Rn. 41 ff., zuletzt aufgerufen am 29.8.2005.

leistenden Menschen. Umgekehrt müssen die Richter so eingesetzt werden, daß dies effektive Justizgewährleistung sichert. Rechtsprechung dient den Rechtssuchenden, ist also nicht auf die Richter bezogen. Weder deren „egoistische" Wünsche nach besonderem Zuschnitt der Gerichtsbarkeit für die Selbstverwirklichung oder Bequemlichkeit sind maßgebend, noch der Wunsch des Dienstherren, mit Richtern in bestimmtem Sinne verfahren zu können. Kein Unternehmen käme auf die Idee, zwei Betriebe zusammenzulegen, nur um den Personalaustausch zwischen den beiden Arbeitsorganisationen zu erleichtern.

**8** Deswegen sind Überlegungen, die Rechtswegzuständigkeiten flexibel und auslastungsbezogen zu regeln, verfehlt. Entweder gibt es ein Bedürfnis nach getrennten Organisationsformen, dann kann dieses Bedürfnis nicht von nachgeordneten Auslastungsbemühungen überwunden werden. Oder es gibt kein solches Bedürfnis, dann mag man einheitliche Gerichte schaffen.

**9** Auch der baden-württembergische Weg, Arbeitsgerichte mit großem Einzugsbereich und Außenkammern zu schaffen, findet mithin seine Rechtfertigung nicht im flexiblen Personaleinsatz. Unter Organisationsgesichtspunkten vollends abwegig ist es, rechtswegübergreifend Einzelzuständigkeiten nach Belieben zu „verschieben". Diesen Notnagel hat der Gesetzgeber mit den §§ 50a ff. SGG seit dem 1.1.2005[6] eingeschlagen: Danach kann der Landesgesetzgeber bestimmen, daß die Sozialgerichtsbarkeit in bestimmten Angelegenheiten durch besondere Spruchkörper der Verwaltungsgerichte und der Oberverwaltungsgerichte wahrgenommen wird – vor allem in Fragen der Sozialhilfe und der Grundsicherung für Arbeitssuchende. Das ist keine Organleihe (wie bei der Tätigkeit des BVerfG als Landesverfassungsgericht für Schleswig-Holstein), weil ein und dasselbe Bundesland als Rechtsträger der Landesjustiz betroffen ist. Die Gerichtszweige sind Organisationsformen und keine Körperschaften. Es handelt sich um eine Organisationsleihe. Ähnlich läßt sich auch die systemwidrige Zuständigkeit der Verwaltungsgerichte für Personalvertretungssachen qualifizieren. Der Systembruch ist daran erkennbar, daß die Verwaltungsgerichte das Verfahrensrecht des SGG anzuwenden haben[7].

### b. Erleichterte Versetzung und Abordnung

**10** Die Bewältigung unterschiedlichen Personalbedarfes – zur Zeit: Überlastung der Sozialgerichte und Unterlastung der Verwaltungsgerichte, ist eine Frage nicht der Gerichtsorganisation, sondern der Regeln des Personaleinsatzes. Es kann von vornherein kein subjektives Recht des Richters an einer bestimmten Planstelle geben. Vielmehr ist der Dienstherr kraft seiner Organisationshoheit berechtigt, Gerichte aufzulösen, zusammenzulegen oder zu verkleinern, um insbesondere dem Rückgang an Streitsachen Rechnung zu tragen oder andere gestalterische Organisationerwägungen umzusetzen. Hier spielt künftig vor allem die Entvölkerung ganzer Landstriche eine Rolle.

6 7. SGGÄndG vom 9.12.2004, BGBl 2004 I 3302.

7 § 60 Abs. 4 SGG.

Begrenzt wird dieses Recht einmal aus der Sachbezogenheit des Organisationsaktes – er muß auch unter Berücksichtigung eines exekutiven Entscheidungsspielraums einem nachvollziehbaren Organisationskonzept zur Bewältigung der Justizgewährleistung folgen.

Zum anderen – und das ist der zentrale Punkt – darf die richterliche Unabhängigkeit und das Prinzip des gesetzlichen Richters nicht angetastet werden, Artt. 97, 101 Abs. 1 Satz 2 GG. Dazu gehört insbesondere der Grundsatz der Unversetzbarkeit und der Unentlaßbarkeit (Inamovibilität)[8]. Kein Grundsatz ohne Ausnahme, einschlägig ist hier Art. 97 Abs. 2 Satz 3 GG, der für Änderungen der Einrichtung der Gerichte oder ihrer Bezirke Versetzung und Entlassung gerade zuläßt, wenn der Richter-Personalbedarf so einschneidend verringert wird, daß Richterämter entfallen. Konkretisiert wird diese Ausnahme in § 32 DRiG, der vom BGH als Dienstgericht des Bundes für die Auflösung des Bundesdisziplinargerichts mit Ablauf des 31.12.2003 praktisch gemacht worden ist (Versetzung eines Richters zum Bundespatentgericht)[9]. **11**

Freilich darf das Regel-Ausnahme-Verhältnis nicht mißverstanden werden: Die Befugnis zur Änderung der Gerichtsorganisation und die richterliche Unabhängigkeit stehen beide im Dienst der Justizgewährleistung. Dabei kommt der Aufgabenorganisation grundsätzlich der Vorrang vor der Inamovibilität zu: Es kann keinen Rechtssatz geben, der den Dienstherrn davon abhält, ein im Interesse der Allgemeinheit für erforderlich gehaltenes Organisationskonzept umzusetzen, nur damit Richter ihr Amt behalten können. **12**

Um die Versetzbarkeit mit Blick auf das **Verbot disziplinierender Maßnahmen** zu effektuieren, bedarf es lediglich einer Änderung von § 32 DRiG in Form einer auch personalen Konkretisierung der Verhältnismäßigkeit. Neben der primär maßgeblichen Eignung für das künftige Richteramt muß ein Auswahlkriterium geschaffen werden – vor allem das Dienstalter, bei Ortswechseln über größere Entfernungen auch die familiäre Situation des Richters. Ergänzend ist daran zu denken, zur Bewältigung vorübergehender Engpässe die Abordnung des § 37 DRiG zeitlich auszuweiten – von drei Monaten auf ein Jahr – und sie auch gerichtszweigübergreifend zuzulassen. Das Arbeitsleben verlangt heutzutage von den Arbeitenden vielfach eine höhere Flexibilität im Interesse der Aufgabenerfüllung; dies darf man auch der Richterschaft abverlangen[10]. Den Professoren übrigens auch. Schlecht gelaunte Langweiler, die mit Versorgungsgedanken auf ihren Lebenszeitstellen kleben, darf es nicht geben. **13**

---

8 Zu ihm *Herzog*, in: Maunz-Dürig, Komm. zum GG, Art. 97 Rn. 51; *Detterbeck*, in: Sachs, Grundgesetzkommentar, Art. 97 Rn. 22.

9 BGH vom 19.12.2003 – AR (Ri) 1/03 – NVwZ-RR 2004, 466; zum Gesetzesvorbehalt für die Änderung von Gerichtsbezirken BVerfG vom 10.6.1953 – 1 BvF 1/53 – BVerfGE 2, 307.

10 Vergleiche auch den Beschluß der Justizministerkonferenz „Eckpunkte für eine „Große Justizreform" vom 25.11.2004 http://www.justiz.nrw.de/JM/justizpolitik/jumiko/beschluesse/herbstkonferenz04/index.html, unter 1.3 Flexibler Richtereinsatz, zuletzt aufgerufen am 29.8.2005. Dagegen *Eylmann/Kirchner/Knieper/Kramer/Mayen* (Fn. 5) Rn. 91 f., die aber durch Zusammenlegung zum flexiblen Personaleinsatz gelangen wollen.

**14** Solche Personaleinsatzflexibilität über Gerichts- und Gerichtszweiggrenzen hinweg nimmt den Zusammenlegungsbefürwortern ihr zentrales Anliegen: Denn ob die Zuweisung innerhalb eines zusammengelegten Gerichts vom Präsidium vorgenommen werden kann, oder ob sie von einem Rechtspflegeministerium ausgesprochen wird, macht zuerst einen Zuständigkeitsunterschied. Auf der anderen Seite werden sich die Verteidiger eigenständiger Gerichtsbarkeiten überlegen müssen, ob solche Personalentscheidungen nicht doch besser gerichtszweigintern im Rahmen der richterlichen Selbstverwaltung getroffen werden sollen, als vom externen Ministerium.

#### c. Personalentwicklung

**15** Gelegentlich wird in der Diskussion – von Unternehmensvertretern – geäußert, Richter müßten durch gelegentlichen Positionswechsel („*Job Rotation*") ihren Horizont erweitern. In der Tat: Der Langzeiteinsatz auf derselben Stelle kann zu Gewöhnung und Verflachung führen. Die Erfahrung verschiedener beruflicher Anforderungen auf unterschiedlichen Einsatzstellen bereichert das Arbeitsleben und entwickelt das Personal.

**16** Nur: Kein Arbeitgeber würde Betriebe oder Unternehmen zusammenlegen, um die Personalentwicklung zu fördern. Und kein vernünftiger Arbeitgeber wird Personalentwicklung gegen den Willen des Betroffenen mit Versetzungen durchdrücken. Personalentwicklung muß im Einvernehmen mit dem Betroffenen erfolgen. Dafür sind entsprechende Anreizstrukturen erforderlich – mit Blick auf höhere Ämter, aber womöglich auch durch eine andere Vergütungsstruktur. Insofern mag man der Justizverwaltung eine Blickverengung auf den Ministeriumseinsatz vorhalten.

Für die Organisationsfrage ist das ohne Bedeutung. Personalentwicklung erfolgt nach personenbezogenen Konzepten.

**17** Immerhin läßt sich hier ein spezifischer Nachteil der Arbeitsgerichtsbarkeit feststellen: Die **diskursive Erfahrung im Kollegialgericht** unter Berufsrichtern ist dem Richter erst am BAG möglich. Der Arbeitsrichter beginnt als Vorsitzender und bleibt Vorsitzender. Weder Kantinenkontakte noch die Auseinandersetzung mit den Beisitzern können die Qualität eines Ringens um die richtige Entscheidung im Kollegium ersetzen.

## II. Organisation nach Aufgabe: Funktionales Prinzip

### 1. Grundsatz

**18** In Betriebswirtschaft und Verwaltungslehre ist man sich einig: Organisation schafft strukturierte Einheiten als Zusammenfassung von Menschen, Sach- und Finanzmitteln (Ressourcen) unter einer einheitlicher Leitung – zur rationalen und verantworteten Bewältigung einer abgrenzbaren Aufgabe[11].

---

11 Etwa *Kieser* (Hg.), Organisationstheorien (1993), S. 1; *Picot/Dietl/Franck*, Organisation, 4. Aufl. (2005), insbesondere S. 225 ff.; *Luhmann*, Funktionen und Folgen formaler Organisation (1964); *Thieme*, Verwaltungslehre (1984), § 35 ff.; *Becker*, Öffentliche Verwaltung (1989), S. 192.

Die Organisation folgt zuerst der Aufgabe, also der Justizgewährleistungspflicht des Rechtsstaates[12]. Deren Gegenstand ist definiert durch die den Arbeitsgerichten derzeit zugewiesenen Rechtssachen. Die Zentralfrage lautet: Erfordern diese im Sinne einer strikten Notwendigkeit eine eigenständige Gerichtsbarkeit? Nur weil diese Frage offenkundig allgemein verneint wird, treten die Sekundäranforderungen hinzu. Hier geht es um das „Wie", also die Optimierung der Organisation auf **19**

- Qualität der Aufgabenerledigung – insbesondere durch Spezialisierung
- Schnelligkeit der Aufgabenerledigung
- Wirtschaftlichkeit und Kostengünstigkeit

## 2. Andersartigkeit und Eigenheit des Arbeitsrechts

Die Frage, wie die Spruchtätigkeit in Arbeitssachen organisiert werden soll, hängt in erster Linie von der „Besonderheit" ihrer Streitgegenstände ab – das ist Zweck und Aufgabe der Rechtsprechung und damit Grundlage der Organisationsentscheidung. Die Bewertung der Streitgegenstände, also der Streitsachverhalte und der sie ordnenden arbeitsrechtlichen Normen, ist Grundlage der Organisationsentscheidung. Verbindet das Arbeitsrecht mit dem bürgerlichen Recht mehr als es trennt, so können und sollen beide Rechtsgebiete als Einheit gesehen und von ordentlichen Gerichten, ggf. durch besondere Spruchkörper, entschieden werden. Ist das Arbeitsrecht dagegen eine Sondermaterie, spricht mehr für eine gerichtsorganisatorische Eigenständigkeit, freilich mit dem Fragezeichen, daß der ordentlichen Gerichtsbarkeit mit dem Strafrecht eine völlig und mit dem Familienrecht eine verhältnismäßig eigenständige Rechtsmaterie zugewiesen ist. **20**

### a. Entwicklung

Eben hierin hat die Arbeitsgerichtsbarkeit ihre historische Wurzel[13]: Ursprünglich haben Zunftgerichte die Streitigkeiten des Manufakturzeitalters geschlichtet – als staatsfreie, „zünftige" Handwerksgerichte für Streitigkeiten zwischen den Betrieben wie zwischen Meistern und Gesellen. Industrialisierung und Fabrikarbeitsstreitigkeiten erzeugten Bedarf nach einer schnellen, preiswerten und sachnahen Gerichtsbarkeit, interessanterweise gerade im Interesse der Fabrikanten, die die Arbeiter zur Einhaltung der Arbeitsverträge disziplinieren wollten – vorrangig durch gütliche Einigung, also Schlichtung, notfalls auch durch Zwang. Den Vorreiter machte ab 1792 das Berliner Fabrikengericht. Der weitere Gang ist bekannt: Die Arbeitsschiedsgerichtsbarkeit nach der Reichsgewerbeordnung kam nicht in Gang, weswegen 1890 erstmals reichseinheitlich eine kommunale „Arbeitsgerichtsbarkeit" **21**

---

12 Zu ihr BVerfGE 54, 277 (292); 81, 347 (356); *Schmidt-Aßmann*, Art. 19 IV GG als Teil des Rechtsstaatsprinzips, NVwZ 1983, 1; *ders.*, in: *Maunz/Dürig*, Grundgesetz, Art. 19 IV Rn. 16; *Sachs*, Grundgesetz, Art. 20 Rn. 162.

13 Hierzu den hervorragenden Überblick von *Linsenmaier*, Die Arbeitsgerichtsbarkeit, www.bundesarbeitsgericht.de unter Allgemeines | Geschichte der Arbeitsgerichtsbarkeit, zuletzt aberufen am 29.8.2005; weiter *Hueck/Nipperdey*, Lehrbuch des Arbeitsrechts, Band I, 7. Aufl. (1963) § 92, S. 883 ff.; eingehend *Jürgen Brand*, Untersuchungen zur Entstehung der Arbeitsgerichtsbarkeit in Deutschland, Band 1 (1990), Band 2 (2002); *Graf*, Das Arbeitsgerichtsgesetz von 1926 (1993).

eingeführt wurde – mit den Gewerbegerichten für Streitigkeiten mit gewerblichen Arbeitern und ab 1904 mit den Kaufmannsgerichten für Streitigkeiten mit kaufmännischen Angestellten. Freilich griff diese Sondergerichtsbarkeit nur für die erste Instanz – die Berufung führte zum Landgericht.

**22** Inzwischen – seit etwa 1850 – hatte sich ein Schutzinteresse der Arbeitnehmer an einer spezialisierten Arbeitsgerichtsbarkeit durchgesetzt, gerade mit Blick auf mißbräuchliche Praktiken der Fabrikanten, wie etwa der Bezahlung durch Waren (Truck), die die Arbeiter zu Vertriebsgehilfen machte.

**23** Diese Schutzkomponente des materiellen Arbeitsrechts und deswegen (!) des Gerichtsverfahrens bestimmte den historischen Streit um die Arbeitsgerichtsbarkeit in der Weimarer Republik[14]. Gewerkschaften und SPD wollten eine durchgehende Sondergerichtsbarkeit; Unternehmer und Juristen- und Richtertage beharrten auf der Einheit der Zivilgerichtsbarkeit und wollten – wundersam aktuell – die Arbeitsgerichte nach dem Vorbild der Kammern für Handelssachen organisieren. Allerdings spielte damals eine große Rolle, daß die Gewerbe- und Kaufmannsgerichte als Zwitter zwischen Gericht und Schlichtungsbehörde angesehen wurden. Insofern stand nicht die Frage im Vordergrund, ob anstelle der Eingliederung staatliche Arbeitsgerichte als eigenständige Justiz zu organisieren seien – es ging vielmehr um die als justizfremd angesehene Schlichtungstätigkeit, die fehlende Richterqualifikation des Vorsitzenden und die Versagung anwaltlichen Beistands[15]. All dies spielt heute keine Rolle mehr. Modernes Justizverständnis umfaßt auch die schlichtende Richtertätigkeit.

**24** Nachgerade aktuell ist die Ausgangshaltung des damaligen Jusitzministers *Radbruch*, der zuerst für die Beibehaltung der Gewerbe- und Kaufmannsgerichte gewesen ist und später die justizielle Ausformung der Arbeitsgerichtsbarkeit durchsetzte: Er wollte die Eingliederung in die ordentliche Justiz davon abhängig machen, daß diese „das Vertrauen des Volkes in dem Maße genießen" wie die damaligen Gewerbegerichte[16].

**25** Der Kompromiß ist bekannt: Das ArbGG 1926 schuf selbständige Arbeitsgerichte in der ersten Instanz, die Landesarbeitsgerichte dagegen waren den Landgerichten organisatorisch angegliedert, als Reichsarbeitsgericht fungierte ein Senat des Reichsgerichts. Erst 1946 sorgte das Kontrollratsgesetz Nr. 21 für eine eigenständig organisierte Arbeitsgerichtsbarkeit – löste sie aus der Justizverwaltung und ressortierte sie bei den obersten Arbeitsbehörden der Länder. Diese Entscheidung übernahm das ArbGG 1953. Lediglich terminologisch bedeutsam ist die „Aufwertung" von der besonderen sachlichen Zuständigkeit zum eigenen Rechtsweg 1990 (mit dem VwGO-Änderungsgesetz). Zugleich aber wurde die Zwangsressortierung

14 Einführend etwa *Bewer*, Eingliederung der Arbeitsgerichte in die Amtsgerichte, DRiZ 1921, 164 ff.; *ders.*, Das kommende Arbeitsgericht, DRiZ 1922, 170 ff.; *Radbruch*, Vorschule der Rechtsphilosophie (1948), S. 100; Verhandlungen des 32. DJT 1921, II Abteilung „Sind die Arbeitsgerichte und ähnliche Spruchbehörden den ordentlichen Gerichten anzugliedern?" S. 7 ff.

15 Hierzu *Graf*, Das Arbeitsgerichtsgesetz 1926 (1993), S. 177 ff.

16 *Graf* (Fn. 15) S. 190.

aufgegeben und den Ländern die einheitliche Justizverwaltung in Rechtspflegeministerien eröffnet.

Der Arbeiter- und Bauernstaat hingegen löste die Arbeitsgerichtsbarkeit 1963 auf und schuf Kammern für Arbeitsrecht bei den Kreisgerichten und Senate für Arbeitsrecht bei den Bezirksgerichten – mit Schöffenbesetzung. Das Oberste Gericht der DDR war dritte Instanz, aber kein reguläres Rechtsmittelgericht, weil gegen Urteile in zweiter Instanz grundsätzlich kein Rechtsmittel gegeben war. Das Oberste Gericht sicherte auch in Arbeitssachen die sozialistische Gesetzlichkeit – in einem besonderen Kassationsverfahren auf Antrag nur von Staatsorganen[17]. Vorgeschaltet waren die gesellschaftlichen Konfliktkommissionen, die in den Betrieben die sozialistische Erziehung besorgten. **26**

## b. Entbehrlicher Rechtsvergleich

Der Blick über die Grenze zeigt unterschiedliche Organisationsformen[18]. Aus ihnen mag man gerichtverfassungsrechtsvergleichend lernen, daß es keine vorherrschende Gerichtsorganisation gibt. Weil aber die Aufgabe der Arbeitsrechtssprechung dem materiellen Arbeitsrecht und seinen Streitigkeiten folgt, muß die Wertung national erfolgen: Noch immer ist das Arbeitsrecht stark national geprägt; das gilt besonders für das kollektive Arbeitsrecht. Deutsche Arbeitsrechtsprechung muß deutsches Arbeitsrecht anwenden und dabei deutsche Streitkultur, insbesondere deutsches Prozeßrecht achten. Erst wenn der Stand der europäischen Rechtsangleichung vorangeschritten ist, kann der Organisationsvergleich mit ausländischen Gerichtsverfassungen in der Sache erhellen. **27**

Immerhin kann dem österreichischen Beispiel der Eingliederung der Arbeitsgerichte in die ordentlichen Gerichte – unter Aufrechterhaltung des selbständigen Arbeitsgerichts Wien – durch das Arbeits- und Sozialgerichtsgesetz vom 7.3.1985[19] entnommen werden, daß eine solche Reorganisation möglich ist und daß das Beharrungsvermögen der Institutionen überwunden werden kann. Ansonsten zeigt sich am Organisationsvergleich vor allem die denkbare Vielfalt. Am Beispiel Frankreichs: erstinstanzlich eigenständige Arbeitsgerichte, in zweiter und dritter Instanz besondere Spruchkörper der Zivilgerichte ohne Laienrichter. Diese Vielfalt legt nahe, daß es eine „eindeutig gebotene" Organisationslösung nicht gibt. **28**

Daß die Rechtsentwicklung teils den umgekehrten Weg gegangen ist, also die einheitlich gegliederte Gerichtsorganisation der Rechtsvereinheitlichung vorgeschaltet hat – wie mit den Reichsjustizgesetzen –, hat für unsere Frage nichts zu sagen. Zweck einer solchen Übung ist entweder der einheitliche Zugang zu Gericht auch bei grenzüberschreitenden Sachverhalten oder die gezielte Förderung der Rechtseinheit **29**

---

17 Hierzu *Autorenkollektiv* unter Leitung von Kunz/Thiel, Arbeitsrecht (1984), S. 430 ff.

18 Dazu näher *Schild/Weth* (Fn. 2), FS Ress (2005), S. 1564 ff. und Schild/Weth (Hg.), Beiträge zum europäischen Gerichtsverfassungsrecht (erscheint demnächst) mit entsprechenden Länderübersichten; *Prütting*, in: Germelmann/Matthes/Prütting/Müller-Glöge, ArbGG, 5. Aufl. (2004), Einleitung Rn. 260 ff.

19 BGBl 1985 Nr. 104; dazu *Fink*, Zur Neuregelung der Arbeits- und Sozialgerichte in Österreich, ZZP 102 (1989), S. 80.

durch ein Obergericht. Beides spielt im Arbeitsrecht keine Rolle. Europäisches Arbeitsrecht befindet sich im Entwicklungsstadium; für die punktuellen Regelungen Europarechtlich sorgt die Vorlagepflicht an den EuGH für Einheitlichkeit.

### c. Einheit mit dem Zivilrecht oder Eigenheit des Arbeitsrechts

**30** Die Arbeitsgerichte sind, soweit es um das Individualarbeitsrecht geht, zuständig für bürgerliche Rechtsstreitigkeiten – wie die Zivilgerichte, § 2 ArbGG. Damit ist nicht viel gewonnen. Das BGB war zu seiner Entstehung in Ermangelung „sozialen Öls" schlicht ungeeignet, dem Schutzbedürfnis der Arbeitnehmer Rechnung zu tragen; der kontradiktorische, auf Streitaustrag, statt auf Streitbeilegung gerichtete normale Zivilprozeß war für das Arbeitsleben die falsche Konfliktform. Dem arbeitenden Volk fehlte das Vertrauen in die staatliche Justiz.

**31** So gesehen überwog das Trennende das Gemeinsame, etwa die einheitliche Anwendung derjenigen Vorschriften des BGB, die nicht arbeitsrechtsspezifisch zu lesen sind, vom Allgemeinen Teil über das Schadensrecht bis hin zur Kondiktion und zum Sachenrecht. Der Verlust an Rechtseinheit durch diese Grenzziehung wurde kompensiert durch den Gewinn an „richtigem (Arbeits-)Recht". Zugespitzt hat *Gamillscheg* gemeint: das allgemeine Zivilrecht dürfe im Arbeitsrecht nur Anwendung finden bei Nachweis seiner „sozialen Tauglichkeit"[20]. Das ist die alte gewerkschaftliche Forderung, die gerade in der Weimarer Diskussion um die Arbeitsgerichtsbarkeit erhoben worden ist: Arbeitsgerichte müßten mit „sozialempfindenden" Richtern besetzt sein[21], um die fehlende Kodifikation des Arbeitsrechts mit einer progressiven Rechtsprechung zu kompensieren[22], ja eine „Sozialisierung des Rechtes"[23] zu betreiben. Und wer könnte über die soziale Tauglichkeit des Zivilrechts urteilen? Doch nicht der dem allgemeinen und kaltherzig-formalen Zivilrecht verhaftete ordentliche Richter.

**32** Freilich ist seit geraumer Zeit eine Gegenbewegung zu beobachten, die das Arbeitsrecht wieder näher an seine zivilrechtlichen Wurzeln führen will[24]. Daß die Wissenschaft den Sonderweg des Arbeitsrechts aus dem Zivilrecht heraus überwiegend für eine Sackgasse hält, ist nur ein Indiz. Gewichtiger ist die Bewegung im Gesetzesrecht und der Verfassungsrechtsprechung. Das Zivilrecht hat in den letzten 30 Jahren eine deutliche Verschiebung erfahren: von der formalen Gleichheit beider Vertragspartelen hin zu einer materialen und schutzorientierten Betrachtung. Vor allem der Verbraucherschutz und die AGB-Kontrolle zeigen dies – gipfelnd in der Kontrolle Allgemeiner Arbeitsbedingungen nach dem BGB seit der Schuldrechtsreform. Kennzeichnend ist auch, daß das kommende Antidiskriminierungsrecht ein

20 *Gamillscheg*, Zivilrechtliche Denkformen und die Entwicklung des Individualarbeitsrechts, AcP 176 (1976), 197 ff.

21 *Graf* (Fn. 15) S. 199.

22 *Graf* (Fn. 15) S. 255.

23 So der Titel von Heinz *Potthoff*, DRiZ 1926, 284.

24 Etwa *Rückert*, „Frei" und „sozial": Arbeitsvertragskonzeptionen um 1900, ZfA 1992, 225 ff.; gegen *Gamillscheg* vor allem *Zöllner*, Privatautonomie und Arbeitsverhältnis, AcP 176 (1976), 221, 236 ff.; *ders.*, Flexibilisierung des Arbeitsrechts, ZfA 1988, 265; *Richardi*, Der Arbeitsvertrag im Zivilrechtssystem, ZfA 1988, 221 ff.

gemeinsames Grundkonzept für den Schutz von Arbeitnehmern und Verbrauchern formuliert, wohingegen vor wenigen Jahren noch getrennte Gesetze vorgeschlagen worden sind. Diese Wendung hin zu einer „materialen" Vertragsgerechtigkeit, ja einer Materialisierung des Schuldrechts (*Canaris*[25]) ist vom BVerfG mit seinem grundrechtlichen Schutzpflichtkonzept seit den Entscheidungen „Handelsvertreter" und „Bürgschaft" gefordert und forciert worden und hat inzwischen auch den Ehevertrag erreicht.

Auf der anderen Seite hat das Arbeitsrecht einen derart hohen Schutzstandard **33** erreicht, daß ein weiterer Ausbau allenfalls in Marginalien vorstellbar ist. Anders gewendet: die ersatzgesetzgeberische Spruchtätigkeit der Arbeitsgerichte hat die sozialen Erwartungen erfüllt. Die selbständigen Arbeitsgerichte haben damit auch die Entwicklung der Arbeitsrechtswissenschaft forciert - vor allem durch *Alfred Hueck* und *Hans-Carl Nipperdey*. Heute muß das Arbeitsrecht und damit der Arbeitsrichter weniger fragen, wo es noch Schutzlücken im Verhältnis zum Arbeitgeber gibt - heute stellt der Wettbewerbsdruck die Frage, ob ein so hohes Schutzniveau vor dem Hintergrund konkurrierender ausländischer Arbeitsrechtsordnungen zu halten ist.

Im materiellen Recht bewegen sich beide Rechtsgebiete - also das Individualarbeits- **34** recht und das Schuldrecht aufeinander zu. Dabei bewegt sich das Schuldrecht stärker als das Arbeitsrecht. Man kann mit *Dieterich* von der Verarbeitsrechtlichung des Zivilrechts sprechen und weniger von der Verzivilrechtlichung des Arbeitsrechts[26]. Das Individualarbeitsrecht ist also im Kern bürgerliches Recht; es geht in der Rechtsfindung nur um die Besonderheiten des Arbeitsrechts, die das BGB punktuell anspricht - beim Haftungsmaßstab des § 276 Abs. 1 Satz 1 BGB und bei der AGB-Kontrolle in § 310 Abs. 4 Satz 2 BGB[27]. Sie können punktuelle Abweichungen rechtfertigen, aber nicht die zivilrechtlichen Grundentscheidungen für das Arbeitsrecht in Frage stellen.

Auch daß das Individualarbeitsrecht reflexartig Verteilungsgesichtpunkte unter den **35** Arbeitnehmern - etwa bei der Erteilung des Urlaubs und bei der Sozialauswahl - regelnd erfaßt, ist keine arbeitsrechtliche Singularität. Verteilungsgerechtigkeit herzustellen ist keine besondere Aufgabe eines eigenständigen „Sozialrechts", dessen hervorragender Vertreter das Arbeitsrecht ist[28]. Abgesehen davon, daß diese Vorstellung des überwölbenden Gemeinschaftsbezugs auch im Vereinsrecht nachwirkt[29], ist die iustitia distributiva Aufgabe auch des allgemeinen Vertragsrechts, wie *Canaris* eindrücklich dargetan hat[30]. Auch die individualrechtliche Gleichbe-

25 *Canaris*, Wandlungen des Schuldvertragsrechts – Tendenzen zu seiner „Materialisierung", AcP 200 (2000), 273; kritisch *Medicus*, Abschied von der Privatautonomie im Schuldrecht? (1994); *Zöllner*, Regelungsspielräume im Schuldvertragsrecht – Bemerkungen zur Grundrechtsanwendung im Privatrecht und zu den sogenannten Ungleichgewichtslagen, AcP 200 (2000), 1 ff.

26 Vortrag vor der Karlsruher juristischen Studiengesellschaft am 15.10.2001 – leider nicht veröffentlicht. Ich danke Herrn *Dieterich* für die Überlassung des Manuskripts.

27 Dazu etwa *Reuter*, Inhaltskontrolle im Arbeitsrecht, 2. FS BAG (2004) S. 177 ff.

28 Zur Irrlehre vom Sozialrecht vor allem *Pawlowski*, Allgemeiner Teil des BGB, 7. Aufl. (2003) Rn. 17 ff.

29 Staudinger/*Weick* (1995), Vor § 21 Rn. 6 ff. m. Nachw.

30 Grundlegend *Canaris*, Die Bedeutung der iustitia distributiva im deutschen Vertragsrecht (1993).

handlungskontrolle zielt nach überwiegendem Verständnis auf diese überindividuelle Verteilungsgerechtigkeit. Doch ist auch dies keine arbeitsrechtliche Besonderheit: Das Kartellrecht kennt seit langem die Kontrolle marktmächtiger Unternehmen auf mißbräuchliche Diskriminierung ihrer Lieferanten und Abnehmer.

**36** Eine unabweisliche Sonderkompetenz der Arbeitsgerichte stößt schließlich auf den Einwand, daß das elementare öffentlich-rechtliche Arbeitsschutzrecht in die Zuständigkeit der Verwaltungsgerichte fällt, und daß das Arbeitsstrafrecht[31], das auf materiellen Arbeitsrechtsnormen aufsetzt – vom Lohnwucher[32] bis zu den betriebsverfassungsrechtlichen Straftatbeständen – von Strafgerichten anzuwenden ist.

**37** Damit ist die Frage aufgeworfen, ob nicht das **kollektive Arbeitsrecht** – auch wenn die kollektivrechtlichen Streitigkeiten quantitativ nicht so sehr ins Gewicht fallen[33] – eine Eigenheit des Arbeitsrechts ausmacht, die eine eigenständige Organisation zur Aufgabenerledigung rechtfertigt. Freilich spielt der Schutzgedanke hier eine geringere Rolle, weil Gewerkschaft und Betriebsrat der Arbeitgeberseite nicht „strukturell" unterlegen sind. So sind auch in Frankreich die *conseils de prud'hommes* für kollektivrechtliche Streitigkeiten nicht zuständig.

**38** Nun läßt sich schwerlich behaupten, kollektive Rechtsprägungen seien den ordentlichen Gerichten unbekannt. Das Gesellschafts- und Vereinsrecht ist genuin kollektives Recht. Für Streitigkeiten zwischen Mitglied und Gewerkschaft/ Arbeitgeberverband sind die ordentlichen Gerichte zuständig, hier ist die bipolare Beisitzerbesetzung der Arbeitsgerichte fehl am Platz. Auch das Kartellrecht hat es mit Wirkungen kollektiv abgestimmten Handelns zu tun – freilich unter anderem Vorzeichen. Die Verwandtschaft zeigt sich gerade an der Entwicklung der Rechtsprechung des Reichsgerichts zur Ausübung von Macht durch Kartelle und Gewerkschaften[34]. Schließlich kennt das Zivilrecht eine Reihe von Kollektivverträgen – vor allem die Gesamtverträge im Verlagswesen[35], von denen die Urheberrechtswahrnehmungsverträge jüngst erst eine tarifvertragsähnliche Gesetzesregelung erfahren haben[36]. Zudem müssen die ordentlichen Gerichte immer wieder über kollektivarbeitsrechtliche Fragen urteilen – erwähnt sei hier nur die Spruchtätigkeit des BGH auf dem Gebiet des Arbeitskampfrechts[37].

---

31 Dazu etwa *Ignor/Rixen*, Handbuch Arbeitsstrafrecht (2002); *Reinecke*, Die Rolle des Strafrechts bei der Durchsetzung des Arbeitsrechts, AuR 1997, 139 ff.

32 BGH vom 22.4.1997 – 1 StR 701/96 – BGHSt 43, 53 = EzA § 302a StGB Nr. 1 = AP Nr. 52 zu § 138 BGB = NZA 1997, 1167.

33 Dazu *Grotmann-Höfling*, Die Arbeitsgerichtsbarkeit 2003 im Lichte der Statistik, AuR 2004, 406; Statistik der Arbeitsstreitsachen www.arbeitsgerichtsverband.de unter Aktuelles.

34 Eingehend *Schröder*, Die Entwicklung des Kartellrechts und des kollektiven Arbeitsrechts durch die Rechtsprechung des Reichsgerichts vor 1914 (1988).

35 Dazu *Rieble*, Arbeitsmarkt und Wettbewerb (1996), Rn. 673 ff.

36 Dazu *Thüsing*, Tarifvertragliche Chimären – Arbeitsrechtliche und verfassungsrechtliche Überlegungen zu § 36 UrhG, GRUR 2002, 203.

37 Zum Beispiel BGH vom 16.7.1977 – III ZR 179/75 – BGHZ 69, 128 = AP Nr. 53 zu Art. 9 GG Arbeitskampf = DB 1977, 1890; BGH vom 19.1.1978 – II ZR 192/76 – AP Nr. 56 zu Art. 9 GG Arbeitskampf = EzA Art. 9 GG Arbeitskampf Nr. 21 = BB 1978, 555; BGH vom 31.1.1978 – VI ZR 32/77 – BGHZ 70, 277 = AP Nr. 61 zu Art 9 GG = DB 1978, 685.

Besonders am Arbeitsrecht ist immerhin die Mitbestimmung als Staatsintervention. Indes sind hier die Arbeitsgerichte nicht ausschließlich zuständig. Rechtsfragen der Unternehmensmitbestimmung werden teils von den ordentlichen Gerichten, teils von den Arbeitsgerichten wahrgenommen. Personalvertretungsrechtliche Streitigkeiten fallen auch in die Zuständigkeit der Verwaltungsgerichte – auch weil die Gebietskörperschaften den Arbeitsgerichten hier zuwenig Verständnis für die Belange des staatlichen Arbeitgebers zutrauen. Außerdem: Auch die Zivilgerichtsbarkeit wird kraft Sachzusammenhangs gelegentlich mit „besonderen" Aufgaben versehen, vor allem im Kartellrecht. Hier ist den Kartellgerichten auch die verwaltungsrichterliche Kontrolle der kartellbehördlichen Entscheidungen anvertraut – um die einheitliche Rechtsanwendung zu sichern. Ein Argument für eine eigenständige Kartellgerichtsbarkeit gibt das nicht ab. **39**

Als Fazit bleibt: Das Arbeitsrecht ist keine Rechtsmaterie, die ihrer materiellen Eigenheiten wegen eine eigenständige Gerichtsbarkeit erforderte. Im Gegenteil weisen der erreichte Ausbaustand des Arbeitsrechts und die Verarbeitsrechtlichung des Zivilrechts in Richtung Rechtseinheit, der ein einheitlicher Rechtsweg entspricht. Nicht die Zusammenlegung beider Gerichtsbarkeiten; die Aufrechterhaltung ihrer Trennung bedarf der Rechtfertigung. **40**

Insofern ist die Diskussion merkwürdig einseitig: Arbeitsrichter fürchten die „Einstrahlung" von „zuviel Zivilrecht". Ganz außer Betracht bleibt, daß die Arbeitsrichter bei einer Zusammenlegung ein gewichtiges Element ihrer Entscheidungskultur und -praxis mitbringen, das auch die Zivilgerichte bei der Materialisierung des Rechts unterstützen kann. Schon *Sinzheimer* hatte die Eingliederung der Arbeitsgerichte nicht als Schädigung der Arbeiterinteressen gesehen, sondern als soziale Auffrischung der Justiz[38]. **41**

Ein Beispiel ist die Wechselwirkung zwischen Verbraucherschutzrecht und Arbeitnehmerschutzrecht mit der Zentralfrage, ob der Arbeitnehmer Verbraucher i.S.v. § 13 BGB ist und welche Verbraucherregeln auf das Arbeitsverhältnis passen[39]. **42**

Rechtseinheit zu gewährleisten, ist entscheidende Aufgabe der Justiz. Dieselben Rechtsnormen dürfen nicht unterschiedlich gehandhabt werden. Dieselben Grundprinzipien der bürgerlichen Rechtsordnung dürfen nicht von unterschiedlichen Gerichten unterschiedlich verstanden werden. Das ist gerade für das Arbeitsrecht von elementarer Bedeutung – sieht man etwa das unterschiedliche Menschenbild vom Arbeitnehmer, den die Arbeitsgerichte vor Verantwortung und Haftung bewahren wollen, der aber zugleich von den Straf- und Familiengerichten ohne Privilegien voll verantwortlich zur Rechenschaft gezogen wird. Die Frage der Rechtseinheit verdient eine eigenständige Abhandlung. Hier mag als weiteres Beispiel die AGB-Kontrolle dienen. Mögen sich derzeit Zivilrichter und Arbeitsrichter uneins sein, gebietet doch die einheitliche Regelung im BGB auch ein Aufeinanderzubewegen der fachgerichtlichen Rechtsanwendung. **43**

38 *Graf*, Das Arbeitsgerichtsgesetz 1926, S. 200.

39 Für das Widerrufsrecht des § 312 BGB BAG vom 27.11.2003 – 2 AZR 135/03 – EzA § 312 BGB 2002 Nr. 1 = AP Nr. 1 zu § 312 BGB = NZA 2004, 597; *Rieble/Klumpp*, Widerrufsrecht des Arbeitnehmer-Verbrauchers?, ZIP 2002, 2153.

44 Herstellung von Rechtseinheit zwischen den Gerichtsbarkeiten ist derzeit dem Gemeinsamen Senat der Obersten Gerichtshöfe des Bundes zugewiesen. Das belegt zwar den hohen Rang der Rechtseinheit, ist zugleich aber ein untaugliches Instrument.

### d. Keine verfahrensrechtlichen Besonderheiten

45 Daß die Verfahrensordnungen der Arbeitsgerichtsbarkeit keine organisatorische Eigenständigkeit bedingen, liegt auf der Hand. Im Urteilsverfahren gilt weithin die ZPO; das Beschlußverfahren ist eng verwandt mit der freiwilligen Gerichtsbarkeit. Der Zug der Zeit weist ohnehin auf eine weitere Vereinheitlichung der Verfahrensordnungen.

46 Das gilt gerade für den großen Vorzug und Zweck des arbeitsgerichtlichen Verfahrens, der gütlichen Einigung Vorrang vor dem kontradiktorischen Streitentscheid zu verschaffen (Schlichten statt Richten). Der Einigungsgedanke ist unter dem Stichwort „Mediation" rechtswegübergreifend Allgemeingut geworden. Hier kann die ordentliche Justiz von der Arbeitsgerichtsbarkeit lernen. Gesonderte Schiedsstellenverfahren, die dem Gerichtsverfahren vorgeschaltet sind[40], erzeugen vermeidbaren Aufwand. Das Modell einer vom für die Hauptsache zuständigen Richter durchgeführten Güteverhandlung ist überlegen[41]. Auch insofern ist der Diskussion um die Arbeitsgerichtsbarkeit vorzuhalten, daß sie sich auf befürchtete Nachteile für die Arbeitsgerichtsbarkeit verengt, aber den Gewinn des Voneinanderlernens ignoriert.

47 Soweit besondere Verfahrensregelungen erforderlich sind, können diese streitgegenstandbezogen ausgestaltet werden und bedingen keine besondere Gerichtsorganisationsform. Familiengerichtliche Verfahren zeigen dies.

### e. Beisitzerfrage

48 Bleibt die **Richterbankbesetzung**. Die Laienrichter in Arbeitssachen haben zwei Funktionen: Einmal dienen sie der besseren Anschauung des Gerichts vom Arbeitsleben und sind insofern in den Tatsacheninstanzen als „institutionalisierte Sachverständige" von Bedeutung – nicht anders als die Laien in der Verwaltungsgerichtsbarkeit, bei den Kammern für Handelssachen und bei den Landwirtschaftsgerichten. Auf diesen Gesichtspunkt will ich gesondert zurückkommen.

49 Daneben aber soll die Beteiligung der Laienrichter, die auf Vorschlag der Verbände beider Seiten berufen werden, Ausdruck des „sozialen Dialogs" sein, also eine institutionelle Beteiligung der Verbände des Arbeitslebens an der Rechtsprechung[42]. Schärfer wurde dies bei der Entstehung des ArbGG 1926 gesehen. *Radbruch* begründete die Sondergerichtsbarkeit damit, daß die „Beisitzer aus den kämpfenden Klassen" den Rechtsstreit als Ausformung des Klassenkampfes vor Gericht

---

40 Wie § 15a EGZPO, hierzu *Stadler*, Außergerichtliche obligatorische Streitschlichtung – Chance oder Illusion?, NJW 1998, 2479.

41 *Kramer*, Die Güteverhandlung. Prozessuale Schlichtung in Arbeitssachen (1999).

42 *Binkert/Eylert*, Beteiligung der ehrenamtlichen Richter in der Güteverhandlung vor dem Arbeitsgericht?, NZA 1989, 872.

wiederholen[43]. Sie findet sich wieder im Einfluß auf die Bestellung der Vorsitzenden im beratenden Ausschuß des § 18 Abs. 2 ArbGG[44] und auf die Kammerorganisation und die Geschäftsverteilung durch den Ausschuß der ehrenamtlichen Richter nach § 29 ArbGG.

Diese Funktion ist doppelt bedenklich: Verfassungsrechtlich stellt sich die prinzipielle **50**
Frage, ob die Ausübung der dritten Staatsgewalt, deren demokratische Verantwortlichkeit ohnehin durch die richterliche Unabhängigkeit gemindert ist, einem unzulässigen Dritteinfluß ausgesetzt wird.

Für das ArbGG 1926 war das noch kein Problem. Die Weimarer Reichsverfassung war **51**
– insbesondere mit dem Reichswirtschaftsrat – nicht entschieden demokratisch, sondern dem räterepublikanischen Modell verhaftet. Heute werden Sonderbefugnisse der Verbände in der Legislative mit Recht als verfassungswidrig angesehen[45] – ebenso wie ein Durchschlagen der Mitbestimmung im öffentlichen Dienst auf die Eigenverantwortung der Exekutive[46]. Leider wird die Frage nach einer institutionalisierten Sozialbindung der Dritten Gewalt bislang nicht diskutiert.

Legitimatorisch ist zweitens zu fragen, weswegen Verbände mit schwindendem **52**
Organisationsgrad, denen jede Repräsentativität verloren geht, solchen Einfluß auf die Rechtsprechung ausüben dürfen. Wo bleibt die Repräsentation der nichtorganisierten Arbeitnehmer und Arbeitgeber? Wo bleiben die Arbeitslosen mit ihrem Interesse am Marktzugang und damit gegen die marktabschottende Wirkung arbeitsrechtlicher Besitzstandsregeln? Arbeitslose können durchaus Arbeitnehmerbeisitzer sein (§ 23 Abs. 1 ArbGG), doch werden sie von denjenigen Arbeitnehmervereinigungen vorgeschlagen, die auf die Interessen der Arbeitsplatzinhaber fixiert sind. Gewerkschaften und Arbeitgeberverbände sind keine allzuständigen, demokratisch legitimierten Repräsentanten der jeweiligen „Klassen", sondern Mitgliederverbände[47].

Kurz: Wer die institutionelle Beteiligung der „kämpfenden Klassen" in Form eines **53**
sozialen Dialoges will, der müßte die Beisitzer wählen lassen, damit die Repräsentation hinreichend legitimiert ist. Insofern stellen sich Rechtsfragen ähnlich der Mitbestimmung[48]: die institutionelle Mitwirkung der Verbände an Gerichtsorganisation, Richterberufung und Richterrechtssetzung ist eine Form der Betroffenenmitwirkung.

---

43 Dazu *Graf* (Fn. 15) S. 189 f.

44 Dazu *Hanau*, Formelle und informelle Einflüsse der Verbände auf die Arbeitsgerichtsbarkeit, DRiZ 1992, 422; *Böckenförde*, Verfassungsfragen der Richterwahl (1974).

45 Dazu *Rupp*, Konzertierte Aktion und freiheitlich-rechtsstaatliche Demokratie, in: *Hoppmann* (Hg.), Konzertierte Aktion (1971), S. 1 ff.

46 Dazu BVerfG vom 24.5.1995 – 2 BvF 1/92 [Mitbestimmungsgesetz Schleswig-Holstein] – BVerfGE 93, 37, 82 ff = EzA Art. 28 GG Nr. 1; dazu etwa *Kisker*, Zum Streit um Rechtfertigung und Grenzen der Mitbestimmung des Personalrats, PersV 1995, 529 ff.

47 Näher m. Nachw. zum Streitstand *Rieble*, Arbeitsmarkt und Wettbewerb (1996), Rn. 1102 ff.

48 Dazu *Rieble*, Mitbestimmung zwischen Legitimationslast und Modernisierungsdruck, in: Rieble (Hg.), Zukunft der Unternehmensmitbestimmung, ZAAR Schriftenreihe Band 1 (2004) S. 9, 13 ff.

54 Der soziale Dialog auf der Richterbank läßt sich auch nicht mit dem Erfordernis einer **besonderen Akzeptanz** durch die Rechtsunterworfenen rechtfertigen. Das war eine der postrevolutionären Überlegungen der Weimarer Zeit. Sie läuft darauf hinaus, daß die „Arbeiter" ein Ablehnungsrecht gegenüber der dritten Gewalt hätten und diese besonders um deren Zustimmung werben müßte. Im Rechtsstaat ist die Rechtsunterworfenheit Grundpflicht des Bürgers. Vertrauenswerbung durch Gerichte erfolgt durch Sacharbeit: durch Qualität und Überzeugungskraft der Entscheidungen.

55 Beschränkt man die Funktion der ehrenamtlichen Richter darauf, Volksnähe durch praktischen Sachverstand und Anschauung des Arbeitslebens in die Arbeitsgerichte einzubringen – dann müßte dies auf Tatsacheninstanzen beschränkt sein – so wie dies bei den Kammern für Handelssachen, bei den Strafgerichten und den Verwaltungsgerichten der Fall ist.

### 3. Qualität

56 Wesentliches Argument für die Beibehaltung der Arbeitsgerichtsbarkeit ist die besondere Qualität der Rechtsprechung. Sie wird vor allem aus Kreisen der Arbeitsgerichtsbarkeit als Selbsterhaltungswertung geäußert. Richtig ist gewiß, daß das Arbeitsrecht mit der Vielzahl der Rechtsquellen und der fehlenden systematischen Abstimmung komplex ist.

57 Zu einem guten Teil ist diese Komplexität jedoch ihrerseits von der Arbeitsgerichtsbarkeit selbst geschaffen. Der Wunsch nach umfassender Einzelfallgerechtigkeit und deutscher Perfektionsdrang führen dazu, daß gerade das BAG „erfindungsreich" ist und mit stets neuen Rechtssätzen aufwartet, so als ob einfaches Recht stets ungerecht sein müsse. Ein Beispiel ist die komplexe Rechtsprechung zum Betriebsrentenrecht, aber auch die krasse Ausdifferenzierung des Kündigungsrechts. Insofern bedingen sich Spezialisierung und Komplexität wechselseitig. Der Spezialist findet wenig dabei, eine für ihn einsichtige zusätzliche Komplexität einzuführen, auch um den Preis, daß das Arbeitsrecht so kaum mehr volksnah, also für Arbeitnehmer und Arbeitgeber verständlich ist. Damit wird zugleich eines der Ziele der eigenständigen Arbeitsgerichtsbarkeit verfehlt.

Das Qualitätsurteil ist so oder so wissenschaftlich nicht haltbar – aus drei Gründen:

58 • Erstens ist die Arbeitsgerichtsbarkeit als Ganzes nie auf die Güte ihrer Entscheidungen evaluiert worden – weder qualitativ wissenschaftlich noch quantitativ durch „Kundenbefragung". Eine allgemeine Verkehrsauffassung dahin, daß die Richter der Arbeitsgerichtsbarkeit „besser" entschieden, als andere Gerichte, gibt es nicht. Das ist bei der Zahl der Arbeitsrichter auch nicht verwunderlich. Vielmehr gibt es hervorragende, mittelmäßige und unhaltbare Entscheidungen, wie das bei der Arbeit einer größeren Menge von Menschen entsprechend der *Gaußschen* Normalverteilung auch sein muß. Nur für sehr kleine Gerichte, wie das Bayerische Oberste und das Bundesverfassungsgericht kann die Verkehrsauffassung eine einhellige Qualitätswertschätzung entwickeln.

- Zweitens fehlt für die Güte arbeitsrichterlicher Entscheidungen ein anerkannter Qualitätsmaßstab: Neben juristisch-methodischer „Güte" ist es gerade heftig umstritten, inwieweit der Arbeitsrichter Sozialingenieur sein darf, also aus einem sozialen Impuls heraus das Recht arbeitnehmer- oder gewerkschaftsnützig gestalten darf. Der formenstrenge Jurist sieht die eine oder andere Entscheidung vom Grundsatz geprägt, „Recht ist, was der Arbeitnehmerseite nützt"[49] und ordnet dies einer unzulässigen Klassenjustiz zu. Ökonomisch Orientierte wenden ein, daß sich übermäßiger Richterrechtsschutz qua Bumerangeffekt gegen die zu Schützenden richtet. Auf der anderen Seite sehen sich die „Sozialingenieure" in der verfassungsrechtlichen Schutzpflicht des Art. 12 Abs. 1 GG. Eben deswegen wundert es auch nicht, daß Gewerkschaften sich für die Beibehaltung einer sozial fortschrittlichen Arbeitsgerichtsbarkeit aussprechen und Arbeitgeberverbände – wenn dies ausnahmsweise offen ausgesprochen wird – Defizite in der Rechtsfindung durch Arbeitsgerichte sehen. So gesehen müßte erst ein „Kampf um das richtige Recht" zu einem halbwegs verbindlichen Qualitätsmaßstab führen. Oder: wer anderes Arbeitsrecht will, muß die Gesetze ändern und gegebenenfalls auch gegenüber der richterlichen Erweiterungsfreude sperren. **59**

- Drittens und vor allem ist das Qualitätsargument brauchbar allenfalls gegen **60** die vollständige Eingliederung der bürgerlichen Rechtsstreitigkeiten des § 2 ArbGG in die Zuständigkeit der allgemeinen Gerichte. Nur dann judizierten „normale" Zivilrichter ohne besonderes Gespür für Arbeitstreitigkeiten. Das aber fordert zur Zeit niemand. Es geht „nur" um die Frage, ob die Spruchkörper der Arbeitsgerichtsbarkeit als besondere Abteilungen der ordentlichen Gerichtsbarkeit – wie die Familiengerichte – organisiert sind. Damit aber bleibt die Kompetenz der Arbeitsrichter grundsätzlich erhalten. Insbesondere denjenigen, die mit der Zusammenlegung das Ziel verfolgen, „eine andere Qualität" von Arbeitsrechtsprechung zu erreichen, mögen alle Hoffnung fahren lassen. Die (unterstellte) Qualität der Rechtsprechung wäre doch nur gefährdet, wenn ein permanenter Richterwechsel mit anderen Abteilungen stattfände. Angesichts des Umstandes, daß sich jeder Richter in das komplexe Arbeitsrecht einarbeiten muß, nicht anders als das im Familienrecht der Fall ist, spricht wenig dafür, daß ein solcher Wechsel ohne Not erfolgt. Denn das jeweilige ordentliche Gericht würde damit unnötige Einarbeitungszeiten provozieren und unwirtschaftlich arbeiten. Ich habe keine Zahlen zum Wechsel zwischen Abteilungen der ordentlichen Gerichtsbarkeit gefunden. Auskünfte von Richtern der ordentlichen Gerichtsbarkeit deuten darauf hin, daß der mit Blick auf die Spezialisierung vergleichbare Wechsel in die und aus der Familiengerichtsbarkeit nur entweder auf Wunsch des Richters oder bei Personalengpässen vorgenommen wird. Weit überwiegend bleibt die Besetzung der Familiengerichte offenbar konstant. Eine „Entprofessionalisierung" der Spruchkörper für Arbeitsrecht ist mithin nicht zu befürchten. Zudem

---

49 Vgl. BAG vom 18.2.2003 – 1 AZR 142/02 – EzA Art. 9 GG Arbeitskampf Nr. 135 und *meine* Anmerkung S. 15-39. Zur richterlichen Hybris bei der Wertesetzung, *Di Fabio*, Grundrechte als Werteordnung, JZ 2004, 1, 4 f.

müssen künftig Personaldeckungsprobleme zu Versetzungen auch zwischen Arbeits- und ordentlichen Gerichten führen können (dazu I.2.b).

**61** Schließlich ist auf eines hinzuweisen. Bislang schon hat es Wechsel von anderen Gerichtsbarkeiten zur Arbeitsgerichtsbarkeit gegeben: Otto-Rudolf *Kissel* kam vom Oberlandesgericht zum Bundesarbeitsgericht – und war Präsident. Frau Ingrid *Schmidt* kam aus der Sozialgerichtsbarkeit und ist nun Präsidentin. Jeder Berufsanfänger muß sich einarbeiten. Arbeitnehmern wird inzwischen lebenslanges Lernen im Interesse eigener Beschäftigungsfähigkeit abverlangt. Für Richter gilt dies nicht minder. Insofern kann auch für Arbeitsrichter eine zwischenzeitliche zivilrichterliche Spruchtätigkeit bereichernd wirken.

### 4. Schnelligkeit

**62** Ein Grundbedürfnis der Rechtsprechung in Arbeitssachen ist Geschwindigkeit – im Interesse beider Seiten. Diesem Bedürfnis werden die Arbeitsgerichte in hervorragender Weise gerecht, wie den Statistiken über die Dauer der Verfahren zu entnehmen ist[50]. Nun liegt die Geschwindigkeit der Arbeitsgerichte schwerlich daran, daß diese im Vergleich zu den Zivilrichtern schneller arbeiten. Vielmehr sorgt die hohe Vergleichsquote dafür, daß der Arbeitsrichter weniger Entscheidungen abfassen muß. Weswegen sich hieran etwas ändern sollte, wenn die Arbeitsgerichte als Abteilungen in der ordentlichen Gerichtsbarkeit agieren, ist nicht ersichtlich. Es muß lediglich dafür gesorgt werden, daß Arbeitsrichter nicht stärker belastet werden als bisher. Das ist eine Frage der Kammerstärke und der Geschäftsverteilung, also der Binnenorganisation. Sie läßt sich vernünftig gestalten. Daß das „Schnellboot" der Arbeitsgerichtsbarkeit auf das Tempo des „Kreuzers" der ordentlichen Justiz verlangsamt wird, steht nicht zu erwarten[51].

### 5. Kosten und Wirtschaftlichkeit

**63** Gelegentlich wird beklagt, die Arbeitsgerichte erreichten einen geringeren Kostendeckungsgrad als ordentliche Gerichte. Indes liegt dies an der gewollten Kostengünstigkeit der Arbeitsgerichtsverfahren – mit seinen Kostenprivilegien, die das Kostenrechtsmodernisierungsgesetz 2004 überlebt haben –, vor allem

- der Gerichtskostenfreiheit der Beschlußverfahren (§ 2 Abs. 2 GKG),
- der Beschränkung des Streitwertes bei Bestandsschutzstreitigkeiten auf das vierteljährliche Arbeitsentgelt (§ 42 Abs. 4 Satz 1 GKG) (statt des dreijährigen Betrags gem. § 42 Abs. 3 GKG),
- der Gerichtsgebührenfreiheit bei Vergleichen (statt der Reduktion auf eine Gebühr).

---

50 Statistisches Bundesamt, Geschäftsentwicklung bei Gerichten und Staatsanwaltschaften seit 1998 (2004), http://www.destatis.de/download/d/veroe/fach_voe/gerichte.pdf, zuletzt aufgerufen am 29.8.2005.

51 So aber *Lipke* auf der Tagung des Deutschen Arbeitsgerichtsverbands e.V. in Hannover am 11.2.2004, RdA 2004, 253.

Diese Privilegien sind fragwürdig. Höbe man die Gerichtskostenfreiheit in Beschlußverfahren auf, müßte in den Betriebsverfassungssachen der Arbeitgeber zwar „in jedem Fall" zahlen, weil der unterlegene und nicht haftungsfähige Betriebsrat seine Kosten nach § 40 BetrVG an den Arbeitgeber weiterleitet. Doch rechtfertigt dies allenfalls eine Kostenbeschränkung, nicht aber die vollständige Kostenfreiheit, die keinen Anreiz dafür bietet, Streitigkeiten einvernehmlich außergerichtlich zu erledigen. Wer staatliche Justizdienste, gerade die arbeitsaufwendigen Beschlußverfahren in Anspruch nimmt, muß dafür auch einen Kostendeckungsbeitrag leisten. 64

Vollends unsinnig ist die Streitwertbeschränkung bei Bestandsschutzsachen: Vielfach strebt der Arbeitnehmer mit der Bestandsschutzklage nur eine Abfindung an – und nicht den Erhalt des Arbeitsplatzes. Dies zu privilegieren besteht kein Anlaß. Auch wenn es dem Arbeitnehmer um den Erhalt seines Einkommens für den Lebensunterhalt geht, genügte die Beschränkung auf ein Jahresentgelt wie in Unterhaltssachen nach § 42 Abs. 1 GKG. 65

Das Vergleichskostenprivileg ist im Ausgangspunkt sinnvoll, weil Parteien ohne Rechtsanwälte so effektiv zum Vergleich geführt werden können. Freilich greift der Gedanke auch für die Amtsgerichte. Auf der anderen Seite gilt auch hier: Wer Justizdienste in Anspruch nimmt, muß einen Kostendeckungsbeitrag bezahlen und darf nicht erwarten, daß der Steuerzahler ihn kostenfrei stellt. Sinnvoll könnte hier eine streitwertunabhängige oder eine gedeckelte Beurkundungsgebühr sein. 66

## III. Prioritäten bei beschränkter Reformkraft

### 1. Grundsatz

Wiewohl nach meinem Dafürhalten auf mittelfristige Sicht eine Zusammenlegung der Gerichtsbarkeiten sinnvoll ist, möchte ich zum jetzigen Zeitpunkt davon abraten. Jede materielle oder organisatorische Reform kostet mentale Kraft, Zeit und Geld. Die Deutschen neigen nicht zur Reform, sondern zur ehernen Verteidigung von Besitzständen. Der Satz „alles bleibt wie es ist" prägt auch unser Rechtswesen. **Bei beschränkter Reformkraft müssen Prioritäten gesetzt werden.** Gerade mit Blick auf eine Justizreform sind Veränderungen des Dienstrechtes (Versetzung, Personalentwicklung) und – auch mit Blick auf eine Zusammenlegung – der dreistufige Aufbau der ordentlichen Gerichte vorrangig. 67

Zentral gilt dies aber für die Frage der **Reform des materiellen Arbeitsrechts**: Die Vereinfachung der hyperkomplexen Rechtsregeln dient nicht nur den Rechtsunterworfenen, sondern löst eine „Friedensrendite" auch in der Justiz aus. Wenn Kündigungsrechtsstreitigkeiten vielfach geführt werden, um eine Abfindung zu erzielen, kann die Umstellung auf einen Abfindungsschutz mit fester Formel eine Vielzahl von Rechtsstreitigkeiten erübrigen. Das brächte dem kostenbewußten Staat mit Blick auf die etwa hälftige Belastung der Arbeitsgerichte mit Bestandsschutzstreitigkeiten deutlich mehr ein, als eine Zusammenlegung von Gerichtsbarkeiten. Daß um Sonderkündigungsschutz mehrfache Verfahren geführt werden müssen – um Zustimmung einer Behörde oder des Betriebsrats und sodann um die Kündigung – ist abseitig. Hier muß eine Konzentration vor den Arbeitsgerichten greifen. 68

Ein modernes anwenderfreundliches Arbeitsgesetzbuch täte ein übriges.

69 Wohlgemerkt: Hier geht es mir nicht um die Frage des Abbaus von Schutzstandards – das ist ein eigenes Thema. Es geht schlicht darum, daß der Staat seine Gesetze so transparent gestaltet, daß die Konkretisierung nicht durch eine Welle von Rechtsstreitigkeiten erfolgen muß. Insofern ist die beliebte Aussage in Gesetzesentwürfen „Kosten: keine" durch eine Folgenabschätzung der Justizbelastung zu ergänzen.

Kommt es aber zu einer derartigen Arbeitsrechtsreform, so ist es unangebracht, die Arbeitsgerichte, die diese Änderung des materiellen Rechtes abarbeiten müssen, zugleich mit einer Organisationsreform zu belasten.

### 2. Verbesserung des Arbeitsgerichtsverfahrens

Schon jetzt aber kann das Arbeitsgerichtsverfahren in einigen Punkten verbessert werden:

#### a. Einbezug von Einverfahren

70 An erster Stelle steht der Einbezug der Einigungsstellenverfahren in das Arbeitsgerichtsverfahren[52], die bislang weit überwiegend von Arbeitsrichtern geleitet werden, die wiederum im Bestellungsverfahren des § 98 ArbGG „gewonnen werden". Diese schlichtende Tätigkeit der „Vertragshilfe" kann ohne weiteres – wie ein Blick ins FGG zeigt – den richterlichen Aufgaben zugeordnet werden. Dagegen spricht auch nicht der Gedanke, daß der Staat sich auf eine schlanke Justiz mit ihren Kernaufgaben beschränken soll. Denn die Einigungsstellen werden in der Wirklichkeit weit überwiegend von Arbeitsrichtern geführt – vielfach während der Zeit, die für normale Menschen Arbeitszeit ist. Daran, daß betriebliche Einigungsstellen von Richtern geleitet werden, will niemand etwas ändern. Wenn aber diese Tätigkeit ohnehin anfällt, dann spricht alles dafür.

71 Würde der Einigungsstellenvorsitzende – unter Beibehaltung betrieblicher Beisitzer, deren Anzahl er bestimmt – vom Geschäftsverteilungsplan des Arbeitsgerichts bestimmt, entfielen die Besetzungsverfahren. Das beschleunigte nicht nur das Einigungsstellenverfahren insgesamt; der Richter wäre kraft Justizgewährleistungspflicht auch berufen, für die Dauer des Einigungsstellenverfahrens vorläufige Regelungen zu verfügen. Der Staat sollte hierfür wie für das Beschlußverfahren maßvolle Gebühren beanspruchen. Damit wäre der Streit um eine Gebührenordnung nach § 76a Abs. 4 BetrVG vom Tisch. Die teils unwürdige Vergütungspraxis hätte ein Ende.

72 Den Betriebsparteien müßte nur die Möglichkeit bleiben, eine außergerichtliche betriebliche Einigungsstelle zu vereinbaren, vergleichbar der Regelung in § 76 Abs. 8 BetrVG.

52 Dazu *Bauer*, Einigungsstellen – Ein ständiges Ärgernis!, NZA 1992, 433, 435; *Kramer*, Mediation als Alternative zur Einigungsstelle im Arbeitsrecht? NZA 2005, 135, 140.

### b. LAG-Senate für Kollektivstreitigkeiten

Zweitens sollte für Kollektivstreitigkeiten, die eine Vielzahl von Arbeitnehmern betreffen (also nicht: Einzelmaßnahmen, etwa nach § 99 BetrVG, Individualstreit um einen tariflichen Anspruch) der Instanzenzug **erstinstanzlich beim LAG** beginnen und dort – wegen der typischen Komplexität – **von einem Senat** entschieden werden – mit drei Berufs- und zwei Laienrichtern. Den geringfügig erhöhten Kosten (meist wird der Präsident den Vorsitz führen) steht eine bessere Justizleistung gegenüber. **73**

Rechtsstreitigkeiten um Arbeitskämpfe, Tariffähigkeit und Tarifzuständigkeit (§ 97 ArbGG), Gültigkeit und Auslegung von Tarifverträgen (§ 9 TVG), Betriebsstatus (§ 18 Abs. 2 BetrVG) und Betriebsvereinbarungen sind häufig von besonderer rechtlicher Schwierigkeit, der ein Kollegialgericht besser entspricht. Der juristische Diskurs unter Berufsrichtern läßt sich durch die einsame Beratung mit sich selbst und mit den interessierten Laienrichtern nicht ersetzen[53]. Weil sie sich auf eine Vielzahl von Arbeitsverhältnissen auswirken (i.d.R. mit Bindungs- oder präjudizieller Wirkung), kann ein gestrafftes Entscheidungsverfahren Individualstreitigkeiten vermeiden helfen. **74**

Gerade solche Streitigkeiten laufen typischerweise ohnehin durch die Instanzen, weswegen das Auslassen der ersten Instanz Zeitgewinn verspricht. Das entspricht – wie ein Blick etwa auf § 47 VwGO und andere Erstzuständigkeiten des Obergerichts[54] zeigt – einem allgemeinen Bedürfnis. **75**

Damit kann für vorläufigen Rechtsschutz – insbesondere in Arbeitskampfsachen und bei betriebsverfassungsrechtlichen Unterlassungsansprüchen – endlich die gebotene Rechtseinheit über die LAG-Bezirke hinaus erreicht werden. Bislang endet der vorläufige Rechtsschutz wie in Zivilsachen bei der zweiten Instanz. Doch werden gerade bedeutsame Kollektivstreitigkeiten über vorläufigen Rechtsschutz entschieden. So ist es ein Unding, daß etwa für den Unterlassungsanspruch bei unterbliebenem Versuch des Interessenausgleichs zwei unterschiedliche Rechtsordnungen in Deutschland gelten[55]. **76**

### c. Einbezug der Personalvertretungssachen

Die Personalvertretung muß von den Verwaltungsgerichten zu den Arbeitsgerichten gezogen werden. Es geht um Mitbestimmung; vielfach sind die Mitbestimmungsrechte wortgleich oder doch funktionsähnlich ausgestaltet. Daß Arbeitsgerichte womöglich mitbestimmungsfreundlicher entscheiden als Verwaltungsgerichte, muß der Staat ertragen. Er darf den privatwirtschaftlichen Unternehmen nur dasjenige zumuten, was er selbst als Arbeitgeber schultern mag. **77**

---

53 Zur Überlegenheit des Kollegialprinzips: *Stötter*, Das Kollegialprinzip bei der Organisation der Zivilgerichte, MDR 1971, 623; Baumbach/Lauterbach/Albers/*Hartmann*, ZPO, 62. Aufl. (2004), Übers § 348 Rn. 1 ff.

54 Zuständigkeit des OLG in Strafsachen in erster Instanz, § 120 Abs. 1 Nr. 1-8, Abs. 2 Nr. 1-3 GVG.

55 Zum Streitstand bei den LAG etwa *Lipinski/Melms*, Kein Unterlassungsanspruch des Betriebsrats zur Verhinderung der Durchführung einer Betriebsänderung ohne Versuch eines Interessenausgleichs nach In-Kraft-Treten des BetrVG-Reformgesetzes, BB 2002, 2226.

## IV. Ergebnis

**78** Ich will gestehen: Ich war ein strikter Befürworter der eigenständigen Arbeitsgerichtsbarkeit[56]. Doch auch der Gedanke unterliegt der Kassation kraft besserer Einsicht. Die Verteidiger des status quo erscheinen mir vielfach als bloße Besitzstandswahrer. Sie fragen nicht, wie Justiz als Aufgabe richtig zu organisieren ist, sondern danach, ob ein Abgehen vom tradierten eigenen Rechtsweg zu rechtfertigen ist. Angst vor Veränderung ist kein guter Ratgeber. Ich fühlte mich erinnert an die Qualität der Diskussion um die Zusammenlegung von juristischen und wirtschaftswissenschaftlichen zu staatswissenschaftlichen Fakultäten. Ich bin inzwischen überzeugt davon, daß auf längere Sicht die Arbeitsgerichtsbarkeit in der ordentlichen Justiz gut aufgehoben ist und nach österreichischem Vorbild eingegliedert werden kann.

Das setzt aber voraus, daß auch die Zivilgerichte dreistufig organisiert sind. Eine Zuordnung der Arbeitsgerichte zu den Amtsgerichten unter Berufung zum OLG (wie in Familiensachen) ist sachwidrig. Dabei sollte den Ländern für Großstädte die Möglichkeit eröffnet werden, ein eigenes Arbeitsgericht in erster Instanz zu schaffen (vergleichbar Wien), um unüberschaubare Großgerichte zu vermeiden.

Die arbeitsrechtlichen Tatsacheninstanzen sind als Abteilungen der ordentlichen Gerichte wie bisher mit Beisitzern aus dem Arbeitsleben zu besetzen – entsprechend den historisch verwandten Kammern für Handelssachen.

Das Revisionsgericht muß eigene Senate für Arbeitsrecht haben – ohne Beisitzer. Die Rechtseinheit mit dem Zivilrecht spricht gegen einen eigenen Großen Senat für Arbeitssachen. Andere Fragen – vor allem die Reform des materiellen Arbeitsrechts durch ein Arbeitsgesetzbuch – genießen höhere Priorität. Deswegen kann die Eingliederung nur ein Fernziel sein.

56 Vgl. das Vorwort zur 2. FS BAG (2004).

# B. Diskussion

**Professor Dr. Reinhard Richardi, Universität Regensburg:**

Ich bin seit sechs Jahren und für die nächsten drei Jahre Vizepräsident des **79** Deutschen Arbeitsgerichtsverbandes, der sich ja gerade dieser Fragen besonders annimmt. Herr *Rieble*, ich stimme Ihnen in den Teilen am Beginn voll zu und am Schluß auch. In der Mitte allerdings ist es etwas überraschend, weil zwischen den Thesen, die sie vorweg und danach entwickelt haben, ein gewisser Widerspruch besteht. Denn es stellt sich natürlich schon die Frage: Warum soll sich die Politik eigentlich damit beschäftigen, die Arbeitgerichtsgerichtsbarkeit in die Zivilgerichtsbarkeit einzugliedern? Gibt es nicht wichtigere Themen? Das wichtigste Thema ist sicherlich, daß man den Versuch unternimmt, die materielle Einheit des Arbeitsrechts herzustellen. Das ist im Gericht nicht möglich. Die Gerichte müssen die Gesetze anwenden. Das tun sie auch, und sie tun es notgedrungen. Denn wenn Sie berücksichtigen, daß wir in den 70er Jahren für die Befristung eine Regel hatten, und wenn Sie sich heute anschauen, was daraus geworden ist, dann zeigt das die Konzeptionslosigkeit einer Arbeitsrechtspolitik. Oder anders ausgedrückt: Eine Arbeitsrechtspolitik haben wir nicht, wir eine haben Sozialpolitik. Die Bemühungen, zu einem Arbeitsvertragsgesetz zu gelangen, haben das 20. Jahrhundert durchzogen von 1896 an mit der Forderung des Reichstags, „baldthunlichst" – mit „th", also noch vor der Rechtschreibreform der Rechtschreibreform – zu handeln. Das Vorhaben stand in der Reichsverfassung von Weimar, es ist im Nationalsozialismus Gott sei Dank nicht geglückt, wurde Ende der 50er Jahre wieder verlangt, scheiterte zu Beginn der 70er Jahre und dann hat es sogar die SPD aufgegeben, es taucht in dem Programm nicht mehr auf. Das ist ein Grundmangel, zumal es im Einigungsvertrag dem gesamtdeutschen Gesetzgeber als Aufgabe zugewiesen ist.

Nun zur Eingliederung der Arbeitsgerichtsbarkeit insgesamt. Lohnt es sich? Hier würde ich einmal folgende Auffassung vertreten: Man muß sich anschauen, wir haben beim Bundesarbeitsgericht zehn Senate. Das Reichsarbeitsgericht war ein Senat des Reichsgerichts. Wenn man sich der Mühe unterziehen will, sozusagen eine solche Umformung der Gerichtsverfassung vorzunehmen, dann hat man dafür eigentlich eine Begründung zu geben. Und da möchte ich einmal sehen, wie das im einzelnen aussieht, was man sich erwartet. Dann treten eben beim BGH noch zehn Senate hinzu, denn wie soll es anders aussehen? Ich meine, das läßt sich nur beheben, wenn das, was Sie am Schluß gesagt haben, umgesetzt werden könnte, nämlich, daß der Bürger eigentlich das Arbeitsrecht so anwendet, daß man Gerichte nicht in Anspruch nehmen muß. Aber es geht alles in die andere Richtung. Jede Rechtsunwirksamkeit der Kündigung muß von einem Arbeitnehmer innerhalb von drei Wochen durch Erhebung der Feststellungsklage geltend gemacht werden. Nur als Beispiel. Es gibt einen Faktor, der meines Erachtens hier Berücksichtigung erfahren muß. Sie nannten es am Anfang. Ich hatte vor einiger Zeit – zu meinem Leidwesen – das Zweitreferat für eine rechtsgeschichtliche Dissertation zu machen, die der Arbeitsgerichtsbarkeit gewidmet war. Und diese Dissertation endete mit dem Jahre 1890. Ich hätte gedacht, da fängt man erst an. Sie umfaßte 400 Seiten. Wenn wir einmal historisch zurückgehen, hat es das Bedürfnis, daß man in den Streitigkeiten Arbeitgeber-Arbeitnehmer möglichst schnell zu einer Entscheidung gelangt, immer gegeben. Sie zitierten ja 1792 irgendwas, aber bereits 1746 hatte *Friedrich der Große* dafür gesorgt, möglichst schnell entscheiden zu können. Das waren natürlich Behörden. Und wir sind lange Zeit davon ausgegangen – das taten die beiden Kirchen bis vor kurzem auch heute noch – daß Schlichten und Richten sich nicht trennen lassen. Da wird es jetzt getrennt: Die evangelische Kirche hat eine eigene Arbeitsgerichtsbarkeit eingerichtet. Die katholische Kirche hat auf Grund eines apostolischen Mandats die Arbeitsgerichtsbarkeit ebenfalls eingerichtet, mit Wirkung zum 1. Juli. Das hat Gründe, die in der Selbstverwaltungsgarantie der Kirchen liegen. Da ist man, wenn man das wahrnehmen will, Gerichtsschutz zu geben, in eigenen Angelegenheiten gezwungen, diesen Weg zu gehen. Aber interessant ist die Parallelität ohnehin.

Sie nannten als Beispiel für eine Sonderstellung die Streitigkeiten aus der Betriebsverfassung. Das war zunächst einmal 1918 und danach war das zunächst einmal den Schlichtungsstellen zugewiesen. Ich glaube, wenn wir überhaupt irgend etwas ändern sollten, dann sollte man das sozusagen als Perspektive einbeziehen, daß mein Lehrer *Alfred Hueck* – Ende der 50er Jahre – einmal verkündet hatte in dem er nämlich erklärte, warum es die Drei-Wochenfrist bei der Kündigungsschutzklage gäbe, nämlich, wie er das damals sagte, weil noch innerhalb der Kündigungsfrist das Arbeitsgericht entscheiden würde, ob die Kündigung sozial gerechtfertigt sei oder nicht. Das Beschleunigungsprinzip ist völlig verloren gegangen, wenn man die Rechtstatsachen anschaut. Und genau darin liegt das Problem: Eine Rechtsgewährung – auch für die Arbeitgeberseite – die sich über zwei, drei Jahre hinzieht: Da können sie jede Abfindung vergessen, das machen wir über § 615 BGB, und anschließend ist er pleite. Wenn es also hier in diesem Bereich ein Interesse der Arbeitgeberseite gibt, dann ist es, möglichst schnell zu einer Entscheidung zu kommen. Denn es sind nicht die Großunternehmen, sondern die vielen kleinen Arbeitgeber, die man solchen Risiken nicht aussetzen darf. Ich zitiere § 615 BGB, daneben vergessen sie jede Abfindung. Und das spielt in Zeiten der Arbeitslosigkeit, in der man einen vergleichbaren Arbeitsplatz nicht ohne weiteres finden kann, eine nicht unerhebliche Rolle. Da nützt der § 615 Satz 2 BGB gar nichts mehr. Das gebe ich zu bedenken. Deshalb stimme ich ihrer These voll zu, soweit es um die letzte Aussage geht. Was zu fordern wäre, ist eine Kodifikation des Arbeitsvertragsrechts ohne jede Mätzchen, wie sie beispielsweise gemacht werden, wenn man glaubt, die Arbeitsrechtsprobleme dadurch lösen zu können, daß man Schwellenwerte hin- und herschiebt. Da sage ich Ihnen: Das ist ganz einfach, schieben Sie den Schwellenwert hin und her, wie Sie wollen, unterhalb des Stellenwertes lauert § 242 BGB, und den wenden wir so an, wie es das Bundesverfassungsgericht will. Deshalb darf sich keiner wundern, wenn die Arbeitsgerichte das überprüfen. Die Zukunft der Arbeitsgerichtsbarkeit würde ich einmal vorübergehend so belassen, aber eines würde ich auch machen, nämlich die Beschäftigung, die Arbeitsgerichte notwendigerweise haben, dadurch minimalisieren, daß sich die Politik endlich für eine Arbeitsrechtspolitik entscheidet, die in sich geschlossen ist und dem Bürger transparent macht, was für ihn gilt.

**Professor Dr. Volker Rieble:**

Ich will nur zwei Dinge bemerken. Ich bin mit Ihnen ganz einer Meinung, daß das Arbeitsrecht einfacher werden muß. Es ist nur die Frage, ob das strukturell geht, solange wir kein Arbeitsgesetzbuch haben, denn unser Recht ist vielfach Richterrecht, und das ist ja gerade so spezifisch kompliziert. Versuchen Sie einmal, Studenten Arbeitskampfrecht beizubringen. Das ist für einen Professor in der einen Stunde, die er dafür hat, vollkommen unmöglich. Was man überhaupt nicht behandelt, ist das Betriebsrentenrecht. Warum? Weil es der dritte Senat, Herr *Breinlinger*, so kompliziert gemacht hat, daß es im Prinzip nur einige wenige Fachleute verstehen. Es ist nicht nur das BetrAVG, das die Komplexität der Materie ausmacht. Also, ich bin da ganz bei Ihnen. Wogegen ich mich nach wie vor wende, ist die Frage, ob man eine Reorganisation ausschließlich vor dem Ausgangspunkt der bestehenden Organisation vornimmt und fragt, ob es gerechtfertigt ist, etwas zu ändern. Das befördert nur das Prinzip der intellektuellen Trägheit. Wenn Sie ganz grundsätzlich das Prinzip anerkennen, daß man Organisation nach Aufgabe vornimmt, dann werden Sie mittelfristig nicht um diese Reorganisationsmaßnahmen herumkommen, wobei ich Ihnen ja zustimme, naiver nach einem Arbeitsgesetzbuch, und das ist dann vielleicht für manche die Hoffnung, daß Sie sagen, das kommt sowieso nie und deswegen kommt auch keine Reorganisation. **80**

**Axel Breinlinger, Bundesarbeitsgericht:**

Weil Sie mich angesprochen haben, also zunächst einmal zum letzten Punkt. Der dritte Senat, habe ich gerade gehört, habe das Betriebsrentenrecht so kompliziert gemacht, daß man es kaum mehr vermitteln könne. Das stimmt nur zum Teil. Gehen Sie einmal davon aus, daß wir ganz schlicht denkende Menschen sind und zudem auch als intelligente Menschen ein großes Maß an natürlicher Faulheit mit uns tragen. Aus beidem resultiert, daß wir alles andere im Kopf haben, als die Sache von uns her zu verkomplizieren. So wird da kein Stiefel draus. Das Problem liegt darin, daß uns Probleme zur Entscheidung unterbreitet werden, die eine entsprechend hohe Komplexität bereits aufweisen. Wenn wir irgendeine Versorgungsordnung – und ich erzähle das beispielsweise während es für die anderen Senate genauso gilt – aus dem Jahre 1938, 1964 oder 1982 vorgelegt bekommen, dann unterscheiden sich diese Versorgungsordnungen naturgemäß in ihren gesamten Voraussetzungen grundsätzlich voneinander. Wir sollen nun versuchen, Formeln zu finden, in welchen wir sagen können: „Ok, so läuft es dann im Betriebsrentenrecht." Das speist sich aber aus ganz unterschiedlichen, historischen, sozialen und wirtschaftlichen Quellen. Es ist also die Komplexität der Probleme, die aus der Gesellschaft heraus den Gerichten überantwortet wird, die dann zu einer entsprechend komplexen Struktur unserer Rechtsprechung führt. Wir würden viel lieber auf komplizierte Fragen genial einfache Antworten finden. Aber diese Genialität, das mag man uns vorwerfen – aber das kann man eigentlich auch vielen anderen Richtern vorwerfen – fehlt uns leider. Meistens ist es eben so, daß die Sache so kompliziert ist, wie sie uns unterbreitet wird. **81**

Zum anderen Argument, bezüglich der Geschwindigkeit, nehme ich einmal einen Hinweis, der gerade so gut paßt, aus meinem für später vorgesehenen Referat vorweg. Sie sagten, die Arbeitsgerichte seien deswegen so schnell, weil sie eine hohe Vergleichsquote haben. Wenn man das einmal herausrechnet, dann unterscheidet sich das nicht. Es ist schon richtig: Wir haben in der ersten Instanz 80% aller Verfahren nach sechs Monaten erledigt. Und in solche Zahlen – in der zweiten Instanz ist es so, daß 90% der Verfahren innerhalb von einem Jahr im Berufungsverfahren abgeschlossen sind – gehen natürlich zugegebenermaßen die hohen Vergleichsquoten ein. Dann müßte man fragen, warum denn diese Vergleiche so zustande kommen. Es hängt natürlich auch damit zusammen – das ist meine persönliche Erfahrung, der ich jetzt fast ein viertel Jahrhundert in der Gerichtsbarkeit und über 20 Jahre in der Arbeitsgerichtsbarkeit tätig bin – daß sich sehr häufig im Kammertermin, sei es erster oder zweiter Instanz, also wenn die ehrenamtlichen Richter dabei sind, auf einmal der Kollege links oder rechts von mir eingeschaltet und gesagt hat: „Jetzt überlegen Sie doch einmal, ob Sie nicht Geld in die Hand nehmen wollen" oder: „Überlegt doch mal!", wenn es die Arbeitnehmerseite war, es ging nicht ganz per Du, aber so vom Habitus her war das dann so: „Überleg doch einmal, ob Du die Abfindung jetzt nicht mitnehmen willst, denn wahrscheinlich sieht das für Dich, wenn Du es durchentscheiden läßt, gar nicht so besonders gut aus". In solchen Punkten hat sich eine spezifische Fachkompetenz der ehrenamtlichen Richterinnen und Richtern ausgewirkt, um Vergleiche zu erzielen. Das sollte man nicht vergessen. Wenn wir uns aber einmal anschauen – und die Zahlen möchte ich hier jetzt wirklich noch einmal mit in die Diskussion geben – wie das aussieht, wenn ein Prozeß streitig ausgetragen wird, dann kann ich Ihnen folgendes berichten: Wir haben uns die Mühe gemacht, nicht zuletzt aus Anlaß der jetzt stattfindenden Diskussion, und mit Unterstützung der Landesarbeitsgerichte die durchschnittliche Prozeßdauer eines Rechtstreites untersucht, der durch drei Instanzen streitig ausgetragen wird. Die durchschnittliche Dauer eines Prozesses in der Bundesrepublik Deutschland vom Eingang der Klage beim Arbeitsgericht bis zur streitigen Entscheidung durch Verkündung des Urteils des Bundesarbeitsgerichtes ist 2002 3,03 Jahre gewesen. Und 2003 und 2004 ging es einen bzw. zwei Monate schneller. Ich habe diese Zahlen einmal mit meinen Kollegen vom Bundesgerichtshof in Karlsruhe diskutiert. Die haben noch einmal nachgefragt, ob ich denn von der Revisionsinstanz sprechen würde oder ob ich wirklich den gesamten Prozeß meine.

**Volker Rieble:**

82 Wir liegen in diesem Punkt gar nicht auseinander. Es spricht ja auch kein Mensch davon, daß man in den Tatsacheninstanzen die Beisitzer abschaffen soll. Im Gegenteil: Beisitzer beweisen sich ja auch anderswo in Rechtsorganisationen als sinnvoll und vernünftig, und wenn sie dazu noch Vergleichshelfer sein können, das ist ja wunderbar. Das will ja auch niemand ändern. Vielleicht haben die unterschiedlichen Laufzeiten in der ordentlichen Justiz viel damit zu tun, daß dort ritualisierte Anwaltsprozesse stattfinden, bei denen Anwälte noch einen und noch einen und noch einen Schriftsatz schreiben – auch wenn das manchmal in Arbeitssachen inzwischen auch so ist – oder damit, daß das Anwaltsverhalten

vielleicht vor den Arbeitsgerichten insgesamt etwas kooperativer ist. Das müßte man soziologisch untersuchen. Ich habe auch ganz viel soziologisches Material gelesen zu dieser Frage, muß aber sagen, ich bin nicht wirklich schlau daraus geworden: Die Befunde sind nicht eindeutig. Also, wir sind in der Frage völlig einer Meinung.

**Dr. Harald Wanhöfer, Arbeitsgericht München:**

Ich möchte als Eingangsinstanz, also normaler Arbeitsrichter, an dieser Stelle nur eine kleine Bemerkung machen. Mich hat etwas erschreckt, daß Sie unter Bezugnahme auf die Zielsetzungen der Gewerkschaften in der Weimarer Republik uns in einem Atemzug mitgenannt haben. Daß das Menschenbild immer noch durchschlagen würde. Also zumindest ich und viele meiner Kollegen, wir verstehen uns eigentlich als Interessenausgleich zwischen sozialen Interessen der Arbeitnehmer und den Interessen der Arbeitgeber. Natürlich wenden wir – einfach vom materiellen Arbeitsrecht her – häufig Arbeitnehmerschutzrecht an. Aber uns ist der neutrale Interessenausgleich sehr wichtig. Sie haben gesagt: „Schauen Sie sich einmal an, wenn der Arbeitnehmer irgendwas macht und der Strafrichter dann oben drauf haut, wie das ein Arbeitsrichter sehen würde." Sie kennen sicherlich die Rechtsprechung der Arbeitsgerichte zu Vermögensdelikten bei geringwertigen Sachen. Die ist sicherlich auch sehr streng, wenn man einen Bienenstich verzehrt und dann – möglicherweise – fristlos gekündigt wird. Dies nur als kleine Bemerkung. **83**

Eine Frage zurück: Wären Sie auch dafür, daß die Fakultäten die Lehrstühle in Zukunft allgemein für Zivilrecht besetzen und die Fakultät dann darüber bestimmt, ob sie nächstes Semester Familienrecht oder Arbeitsrecht lesen? Also ich glaube, die Spezialisierung hat überall Einzug genommen – natürlich auch auf der Ebene der Anwaltschaften. Und wenn ich jetzt für Bayern sprechen darf, für die Justiz: Ich habe natürlich hohen Respekt, das soll kein Konkurrenzkampf sein zwischen den Kollegen von der Justiz, aber eine gewisse Rotation ist nun einmal gerade für Beförderungsstellen in der Justiz in Bayern Tradition. Das wird sich nicht vermeiden lassen. Ein Anwaltskollege, mit dem ich zum Beispiel über die Kammer für Handelssachen gesprochen habe, berichtet ja schon, daß da im Rahmen einer Beförderung halt einer auch aus dem Strafrecht landet. Ich will diese Spezialisierung nicht überthematisieren. Da liegen gewisse Qualitäten, glaube ich, auf unserer Seite. Die Spezialisierung, die Sie bekämpfen wollen, kriegen Sie ohnehin nicht weg, weil diese Ausdifferenzierungen sehr stark auf der Ebene der Revisionsinstanzen stattfinden.

Ich möchte noch einmal das Augenmerk auf die Erstinstanzler richten: Ihre Qualität liegt, unter anderem, darin, einem Arbeitgeber, der von dem von Herrn Professor *Richardi* in Bezug genommenen Annahmeverzug bedroht ist, relativ früh in Kenntnis der spezifischen Rechtsprechung sagen zu können, wie es ausgeht. Und so kommt es zustande, ich habe die Zahlen noch einmal angeschaut, daß nur fünf bis 10% überhaupt in die zweite Instanz gehen, weil eben das meiste in der ersten Instanz erledigt wird. Dazu gehört aber, daß ein Erstinstanzler sagen kann: „Wenn Sie in höhere Instanzen gehen, dann werden Sie nach meiner Einschätzung höchstwahrscheinlich da und da landen." Und ich glaube, da liegt eine große Qualität.

**Volker Rieble:**

84 Ich will von hinten her antworten. In der Tat, ich gebe zu, daß man zu wenig weiß über den Austausch zwischen den Abteilungen der ordentlichen Gerichtsbarkeit. Ich sage ja, daß ich keine Zahlen gefunden habe. Das wäre vielleicht einmal eine interessante Sache, die ein Amtschef der Justiz untersuchen kann. Allerdings muß man dann auch die unterschiedlichen Materien sehen. Ein Vorsitzender einer Kammer für Handelssachen ist ja ganz überwiegend mit HGB und allgemeinem Schuldrecht befaßt. Der kann natürlich leichter zum Oberlandesgericht oder zu einer allgemeinen Zivilabteilung wechseln. Man müßte auf die Familienrichter schauen und vielleicht auch noch auf die Kartellrichter, die ein vergleichbares Maß an Spezialisierung haben, und da glaube ich eben nicht daran, daß es zu wildem Hin- und Herversetzen käme, weil die Gerichte selbst nicht gut beraten wären, solche Erfahrungen und Spezialisierungen einfach wegzuwerfen. Das tut auch ein Unternehmer nicht, daß er jemandem, der sich drei Jahre hochspeziell in etwas eingearbeitet hat, sagt: „Na ja, jetzt machst du was ganz anderes." Das tun die nur aus einem gewissen guten Sachgrund. Der Sachgrund kann auch Personalentwicklung sein. Das sage ich ausdrücklich dazu.

Zu den Universitäten muß ich offen sagen, die Merkwürdigkeit der Diskussion über die Zusammenlegung der Gerichte erreicht nicht das Maß der Merkwürdigkeit der Diskussion über die Zusammenlegung von Fakultäten. Also die klassische Frage, ob man eine juristische und eine wirtschaftwissenschaftliche Fakultät zu einer staatswissenschaftlichen zusammen legen kann, die wird von den Professoren ähnlich sachwidrig ausschließlich unter Besitzstandswahrungsgesichtspunkten geführt. Deshalb sind wir bestimmt nicht besser. Und im übrigen gilt, daß jeder Arbeitsrechtler – jedenfalls an den allermeisten Hochschulen – Zivilrecht liest, lesen muß und gerne liest, damit er eben gerade den Zusammenhang mit der allgemeinen Rechtsordnung, mit der Rechtseinheit nicht verliert und nicht so hochspezialisiert nur Arbeitsrecht macht, daß er eine normale Examensklausur im Zivilrecht nicht mehr korrigieren kann.

# § 2 Künftige Aufgaben und Organisation der Justiz

Rn.

## A. Referat Michael Steindorfner*

### I. Einleitung

1 Landauf landab feiern Gerichtsbarkeiten und Gerichte Jubiläen. Stets ist dabei von der Bedeutung der Rechtspflege und einem hohen Standard der Rechtsprechung in Deutschland die Rede. Allenthalben preisen die Festredner das Loblied der Justiz in Deutschland. Wechseln wir den Saal und hören den Eröffnungsreden des Deutschen Juristentags, des Deutschen Richtertags oder der Verbandsversammlungen zu. Da erfahren wir seit Jahrzehnten etwas von Überlastung der Justiz, Prozeßflut, Haushaltsebbe und unzumutbaren Arbeitsbedingungen. Was ist die Quintessenz? Mit einem leicht abgewandelten Wort von *Kästner* könnte man sagen: Seit 100 Jahren steht die Justiz am Abgrund. Sie scheint sich aber dort sehr wohl zu fühlen. Warum sollen wir uns also Gedanken machen über künftige Aufgaben und Reformen in der Justiz?

Fragen wir doch die, die es angeht: die Rechtsuchenden, die Bürger dieser Republik. Unter „Perspektive Deutschland", einem Meinungsforum, wurden mehr als 500.000 Menschen von September 2004 bis Anfang Januar 2005 zu wichtigen gesellschaftspolitischen Themen befragt. Das Ergebnis wurde vor einer Woche am 27. April 2005 veröffentlicht. Danach genießen am meisten Vertrauen in dieser Republik nach wie vor Hilfs- und Umweltorganisationen wie der ADAC, Caritas, Diakonisches Werk, das Deutsche Rote Kreuz und Greenpeace. Nicht ganz so viel, aber trotz allem noch ein gerütteltes Maß an Vertrauen wird den gesetzlichen Krankenkassen und der Rechtsprechung entgegengebracht. Anders als bei den vorgenannten Hilfsorganisationen fordern die Bürger aber hier ein überdurchschnittlich hohes Maß an Verbesserungen.

Der Bürger also sieht Handlungsbedarf. Was konkret erwartet er? Nicht mehr und nicht weniger als daß sein Justizgewährungsanspruch und die hierzu korrespondierende Pflicht des Staates zu seiner Zufriedenheit erfüllt wird. Auch und gerade die Arbeitsgerichtsbarkeit steht in dieser Hinsicht unter einem besonderen Erfolgsdruck: Die wirtschaftliche und für Arbeitnehmer wie Arbeitgeber häufig existentielle Bedeutung eines arbeitsrechtlichen Rechtsstreits verlangt in der Regel zweierlei: Schnelligkeit und hohe inhaltliche Qualität. Recht – so heißt es – ist nur gutes Recht, wenn es schnell genug gewährt wird. Und schnelles Recht ist nur gutes Recht, wenn es formelle und materielle Qualität besitzt.

### II. Ausgangssituation

2 Im Großen und Ganzen braucht sich die Rechtspflege in Deutschland nicht zu verstecken. Von wenigen Teilbereichen abgesehen erfüllt sie ihren verfassungsrechtlichen Auftrag der Rechtsgewährung zügig und auf hohem Niveau. Als tragende Säule unseres Rechtsstaats genießt die Justiz auch im internationalen Vergleich als Standortfaktor hohes Ansehen. Sie befindet sich in vielen Bundesländern in ihrer

* Ministerialdirektor Michael Steindorfner, Amtschef des Justizministeriums Baden-Württemberg.

technischen Ausstattung auf modernstem Stand. Sie ist dabei, ihre Arbeitsstrukturen den Anforderungen der Zeit anzupassen und mit modernen Managementmethoden ihren Ressourceneinsatz optimal zu gestalten. Dies zu erhalten und wo möglich zu optimieren ist die Aufgabe der Zukunft. Denn:

Die **desolate Haushaltssituation** in Bund und Ländern hat bereits zu erheblichen **3**
Einschnitten in der Personal- und Sachausstattung der Justiz geführt. Weitere Einschnitte ohne gegensteuernde Maßnahmen werden die Funktionsfähigkeit der Justiz gefährden. Es ist irrational zu glauben, die Justiz könne von weiteren Einsparmaßnahmen im Rahmen der Konsolidierung der öffentlichen Haushalte zu Lasten anderer Bereiche ausgenommen werden. Dem Bürger sind ein geordnetes Gesundheitswesen, die soziale Absicherung, der Erhalt und die Schaffung von Arbeitsplätzen, die innere Sicherheit und noch manches mehr mindestens ebenso existentielle Bedürfnisse wie eine funktionsfähige Rechtspflege.

Die Justiz wird sich daher darauf einstellen müssen, in Zukunft einen in Teilbereichen sogar höheren Geschäftsanfall mit weniger Personal in gleich guter Qualität erledigen zu müssen. Ohne strukturelle Reformen kann dies jedoch nicht gelingen. Das ist die Herausforderung der Zukunft!

Wir haben unter den gegebenen Umständen nur **zwei Alternativen**. Entweder wir kapitulieren vor der Haushaltssituation und zunehmendem Geschäftsanfall und nehmen Qualitätseinbußen hin oder wir gehen ganz neue Wege, wie mit der Justizreform, und erfüllen so auch künftig unseren Verfassungsauftrag der Rechtsgewährung auf hohem Qualitätsniveau.

**These**: Die öffentlichen Haushalte sind überschuldet. Dies zwingt alle Bereiche des **4**
Staates, auch die Justiz, zu schmerzhaften Einsparungen, sowohl bei den Sachmitteln als auch beim Personal. Der Stellenabbau wird fortschreiten. Diese von uns nicht beeinflußbare Entwicklung der Rahmenbedingungen verlangt lösungsorientiertes Denken.

Leider bewegt sich die Diskussion um die Notwendigkeit der Reform immer im sterilen Bereich, sozusagen als stünde die Justiz unter Quarantäne, als könnte und würde sie der Bazillus „Einsparmaßnahmen" nichts angehen. Wir müssen der Realität schon streng in die Augen schauen und uns nicht in justizgewohnter Manier auf Wolke sieben begeben und so tun, als wenn es die Realität um uns herum nicht gäbe.

Dieser Staat, unser Staat in Deutschland steht finanziell mit dem Rücken an der Wand. Die Finanzlage des öffentlichen Gemeinwesens in Bund und Ländern ist katastrophal. Sie hat sich vor allem auf Grund der gesamtwirtschaftlich und konjunkturell bedingten hohen Steuerausfälle bei einem weiterhin stetigen Anstieg der Ausgaben dramatisch verschlechtert. Wäre der Staat ein privatwirtschaftliches Unternehmen, so wären wir längst vom Markt verschwunden. Mit anderen Worten: Wenn wir diesem Staat noch eine Zukunft geben wollen, finanziell versteht sich, dann genügt es nicht mehr, hier und da kleine Reparaturen vorzunehmen. Wir haben 50 Jahre über unsere Verhältnisse gelebt!

5 Ich möchte Ihnen dies an der **Entwicklung der Schulden** in einem der gewiß nicht zu den ärmsten Bundesländern zählenden Land Baden-Württemberg seit 1950 einmal deutlich vor Augen führen und zeigen, wie ernst die Lage wirklich ist:

Während wir uns im Jahr 1950 mit einer Nettokreditaufnahme von knapp 1 Mrd. € noch in einem einigermaßen überschaubaren Bereich befanden und der Anstieg der Schulden bis 1970 angesichts einer Verdreifachung durchaus besorgniserregend, aber noch keineswegs katastrophal war, sehen wir uns seither einem rasant und scheinbar unaufhaltsam ansteigenden Schuldenberg gegenüber. Die Verschuldung des Landes Baden-Württemberg wird bei einem jährlichen Haushaltsvolumen von ca. 31 Mrd. € bis Ende 2005 auf über 42 Mrd. € wachsen. Wir leben seit langem auf Kosten zukünftiger Generationen und selbst das ist nun ausgereizt, mittlerweile geht es nur noch um unsere eigenen Zukunftsperspektiven.

Schon im Jahr 2004 mußte eine Deckungslücke von über 1 Mrd. € mit der bis dahin größten Sparaktion in der Geschichte des Landes Baden-Württemberg ausgeglichen werden. Personalabbau, Streichung des Urlaubsgeldes, Kürzung des Weihnachtsgeldes waren nur ein Teil der darin enthaltenen Maßnahmen. Trotzdem mußten wir zeitgleich mit einer weiteren zusätzlichen Nettokreditaufnahme von 2,039 Mrd. € eine der höchsten Neuverschuldungen seit Bestehen des Landes neben dieser Sparaktion verzeichnen.

6 Angesichts dieser Dramatik besteht wohl kein Zweifel an einer notwendigen Kehrtwende: Der Schuldenberg darf nicht mehr weiter anwachsen, von Tilgung will ich ja gar nicht reden. Was bleibt sind drastische Einsparmaßnahmen in allen Bereichen des Staates. Auch die Justiz kann und wird es weiterhin treffen. Wer anderes glaubt oder behauptet, der lebt – entschuldigen Sie die Härte der Formulierung – auf einem anderen Stern, jedenfalls nicht auf dieser Welt. Egal, ob wir etwas dagegen tun oder nicht, die Einsparmaßnahmen kommen in jedem Fall auf die Justiz zu. Wir sind daher gut beraten, uns etwas einfallen zu lassen, wie wir sie auffangen und mit Reformmaßnahmen wieder ausgleichen. Dies macht erst recht der Blick in die nahe Zukunft deutlich:

Infolge der anhaltenden konjunkturellen Schwäche und der dadurch bedingten ungünstigen Entwicklung der Steuereinnahmen ergeben sich neue Finanzierungslücken von ca. 3,5 Mrd. € in 2005 und ca. 3,7 Mrd. € in 2006.

3,7 Mrd. €, das ist fast dreimal so viel wie die gesamte Justiz des Landes Baden-Württemberg mit über 18.000 Beschäftigten kostet. Ein jetzt schon feststehendes Defizit wurde in Baden-Württemberg unter anderem durch neue Stellenabbauprogramme bei den Arbeitern und Angestellten aufgrund Arbeitszeitverlängerung und weitere schmerzhafte Eingriffe in allen Ressorthaushalten geschlossen.

Dabei habe ich noch nicht davon gesprochen, um nur noch ein einziges von vielen anderen Problemen zu benennen, daß uns in Baden-Württemberg in den nächsten Jahren bis 2030 allein 5,5 Mrd. € fehlen werden, um die **Pensionen** für die bereits vorhandenen Beschäftigten zahlen zu können: 5,5 Mrd.! Dafür müßten Sie dreimal die komplette Justiz unseres Landes streichen, um nur dieses eine Problem zu lösen.

Wer jetzt noch glaubt, die Problemlösungen könnten an der Justiz spurlos vorüber gehen, der ist, entschuldigen Sie bitte, ein Phantast. Die Auswirkungen sind jetzt schon schmerzhaft genug.

Unter großen Anstrengungen mußten wir von 1997 bis 2004 in **fünf Stellenabbauprogrammen** bereits 753 Stellen abbauen. Allein aus insgesamt sieben Stellenabbauprogrammen haben wir im laufenden und in den kommenden Jahren aber noch weitere 777,5 Stellen zu erbringen.

## III. Beschränkung auf die Kernaufgaben

Was ist also die Konsequenz aus dieser Ausgangssituation?

**These**: Angesichts immer knapperer Ressourcen muß sich die Justiz mehr als bisher auf ihre Kernaufgaben konzentrieren, um auch künftig ihren Verfassungsauftrag erfüllen zu können. Der Personalabbau muß daher von einem Aufgabenabbau und von strukturellen Veränderungen begleitet werden. **7**

Also keine Reformen, um Stellen abzubauen, sondern Reformen, um einen bereits erfolgten und noch weiteren, sicher bevorstehenden Stellenabbau auszugleichen.

Wie kann so etwas aussehen? Welche Bereiche können ausgelagert werden? Wir haben in Baden-Württemberg verschiedene Wege beschritten:

### 1. Privatisierung der Bewährungshilfe

Ein Beispiel ist die Übertragung der **Bewährungs- und Gerichtshilfe** auf einen **8** freien, privaten Träger. Maßgebend war auch hier zum einen, daß wir angesichts der Finanzsituation die dringend notwendige Verbesserung der Personalausstattung nicht mehr zu leisten vermochten. Zum anderen verlangte die Ist-Situation eine dringend notwendige Strukturreform bezüglich der Inhalte und Ablaufprozesse in der Sozialarbeit. Letzteres hätten wir auch noch innerhalb staatlicher Strukturen sicherstellen können. Ersteres schafft ein professionell arbeitender privater Träger besser. Im staatlichen System drohten Stellenabbau und damit ein weiterer Anstieg der Probandenzahlen pro Sozialarbeiter. Mit 100 Probanden pro Sozialarbeiter hätten wir wohl **die Grenze einer inhaltlich noch verantwortlichen Sozialarbeit** erreicht.

Weil die Aufgaben der Bewährungs- und Gerichtshilfe nicht zum eigentlichen Kernbereich der Justiz gehören, werden wir sie im ganzen Bundesland **zum**

**1. Januar 2007 auf einen freien Träger übertragen**. Zur Vorbereitung dieser flächendeckenden Übertragung läuft seit 1. Januar dieses Jahres in den Bezirken Stuttgart und Tübingen ein entsprechendes **Pilotprojekt**.

Ich bin fest davon überzeugt, dieses Projekt stellt die beste Möglichkeit dar, bei immer knapper werdenden Ressourcen die Qualität der bisher geleisteten Sozialarbeit langfristig nicht nur zu erhalten, sondern sogar zu steigern: Sozialarbeit lebt von Innovationen und der Schnelligkeit, mit der auf veränderte gesellschaftliche Rahmenbedingungen und die Problemlagen der Probanden reagiert werden kann. Das dafür **notwendige Innovationspotential** kann in der Fläche in staatlicher Trägerschaft nur schwer vorgehalten und gepflegt werden. Die Landgerichtspräsidenten, die bisher die Dienst- und Fachaufsicht über die Bewährungshilfe innehatten, haben oft schon wegen der räumlichen Trennung, des fehlenden sozialarbeiterischen Wissens und wegen der Überlastung mit anderen Aufgaben faktisch nicht die Möglichkeiten, ihren Führungsaufgaben im Bereich der Bewährungshilfe in ausreichendem Maße nachzukommen. Dem gegenüber sind freie Träger schon auf Grund ihrer Organisationsstruktur weit besser in der Lage, auf Veränderungen mit fachlichen Konzepten schnell zu reagieren und damit die Professionalität und zukunftsgerichtete Profilierung der Betreuungsarbeit zu sichern.

9 Mit dem **Verein Neustart**, der in Österreich seit den 60er Jahren die Bewährungshilfe in freier Trägerschaft führt, haben wir einen freien Träger als Partner gefunden, der unsere Erwartungen bislang über alle Maßen erfüllt. Das bei dem freien Träger vorhandene spezielle organisatorische, betriebswirtschaftliche, aber vor allem auch sozialarbeiterische Know-how ist dem bei uns im Ministerium und bei den dienstaufsichtsführenden Landgerichtspräsidenten vorhandenen Wissen in diesem Bereich schon auf Grund der jahrelangen Erfahrung überlegen.

Ich möchte nur zwei Beispiele herausgreifen: Neustart ist es in Österreich gelungen, die Belastung der hauptamtlichen Bewährungshelfer durch den **professionell gesteuerten Einsatz ehrenamtlicher Bewährungshelfer** signifikant zu verringern, so daß sich die hauptamtlichen Bewährungshelfer vor allem auf die besonders problematischen Fälle konzentrieren können. Neustart verfügt über eine sehr ausgereifte, selbst entwickelte Software, die dabei helfen wird, Aufgaben der Bewährungshilfe zukünftig noch effizienter und professioneller zu gestalten. Neustart wird mit dem bei uns bereits vorhandenen und dem mitgebrachten Know-how die Organisation der Bewährungshilfe – zunächst in den Pilotbezirken – effizienter gestalten und damit gewährleisten, daß die bisherige Qualität unserer Sozialarbeit auch in Zeiten knapper Kassen zukünftig erhalten und sogar gesteigert werden kann.

## 2. Gerichtsvollzieherwesen

10 Ein zweites Beispiel ist das **Gerichtsvollzieherwesen**:

Die positiven Effekte, die wir uns von der Privatisierung der Bewährungshilfe erhoffen, halten wir auch bei einer Privatisierung des Gerichtsvollzieherwesens für denkbar.

Die Gerichtsvollzieher sind gegenwärtig Beamte. Sie nehmen innerhalb der Justizbeamten allerdings eine Sonderstellung ein. Zwar werden sie als Beamte fest alimentiert, sie können – und müssen – aber den für ihre Tätigkeit erforderlichen Geschäftsbetrieb nach eigenem Ermessen einrichten und unterhalten. Die Aufwendungen, die ihnen dabei entstehen, werden nach dem komplizierten System der **Bürokostenentschädigung** vom Staat erstattet, um das in den letzten Jahren viel Streit entstanden ist.

Das Gerichtsvollzieherwesen leidet aber nicht nur am Streit um die Bürokostenentschädigung. Hinzu kommt eine hohe **Arbeitsbelastung**, die trotz erheblicher Personalzuwächse in vergangenen Jahren anhält. Eine merkliche Belastungsverringerung in der Zwangsvollstreckung erscheint bei der derzeitigen wirtschaftlichen Lage unwahrscheinlich. Für die Zukunft droht aber auch hier ein Personalabbau. Für die um eine Zwangsvollstreckung nachsuchenden Gläubiger hätte dies zum Teil verheerende Folgen: Der signifikante Anstieg der Vollstreckungszeiten kann beispielsweise bei Handwerksbetrieben schnell zum finanziellen Aus führen.

Dem müssen wir mit **strukturellen Lösungen** entgegenwirken. Wir denken dabei **11**
an eine Privatisierung des Gerichtsvollzieherwesens. Nach dem so genannten **„Beleihungsmodell"** soll der Gerichtsvollzieher künftig nicht mehr als Beamter, sondern als mit staatlicher Hoheitsmacht beliehener Freiberuflicher tätig werden, ähnlich dem Status eines freien Notars. Von entscheidender Bedeutung ist dabei, daß eine **Wettbewerbssituation** geschaffen wird, die es dem Gläubiger ermöglicht, den zu beauftragenden Gerichtsvollzieher innerhalb eines Landgerichtsbezirks frei zu wählen. Der Schutz des Schuldners bleibt dabei durch das Verfahrensrecht weiterhin gesichert.

Die Frühjahrskonferenz der Justizministerinnen und –minister wird sich im Juni 2005 mit diesem Beleihungsmodell befassen und über die zur Umsetzung erforderlichen Verfassungs- und Gesetzesänderungen entscheiden.

## 3. Handels- und Genossenschaftsregister

Wesentlich einfacher zu verwirklichen wäre unser Vorschlag gewesen, die Handels- **12**
und Genossenschaftsregister auf die Industrie- und Handelskammern zu übertragen.

Leider scheiterten unsere Bemühungen, eine **registerrechtliche Öffnungsklausel** zu erreichen, bislang am Widerstand der SPD-Bundestagsfraktion.

Ich hätte die Übertragung auf die IHK für den besseren Weg gehalten. Die Führung der Register gehört nicht zu den Kernaufgaben der Rechtspflege. Sie ist auch nicht Rechtsprechung im Sinne von Art. 92 GG. Auch wenn die Register von den Gerichten heute zuverlässig und effizient geführt werden, besteht keine Notwendigkeit, gerichtliche Ressourcen bei den Handels- und Genossenschaftsregistern zu binden.

Diese Ressourcen sind beträchtlich: In Baden-Württemberg sind bei den Registern rund 164 Personalstellen ausgebracht. Allein die **Pensionslasten** für die bis 2030 ausscheidenden beamteten Mitarbeiter belaufen sich dabei auf ca. 136 Mio. €, hinzu kommen Beihilfezahlungen von insgesamt etwa 16 Mio. €. Der Landeshaushalt wäre in beträchtlicher Summe entlastet worden, die wir jetzt andernorts in der Justiz sehr viel schmerzlicher einsparen müssen.

Dabei hätte eine Übertragung der Register auf die Industrie- und Handelskammern auch in **fachlicher Hinsicht** Sinn gemacht:

Die Kammern verfügen über ein breites registerrechtliches Know-how. Bei ihnen besteht die nötige Sachnähe. Gleichzeitig paßt die Registerführung sehr gut in die Struktur der Industrie- und Handelskammern. Denn die Kammern würden dann alle wesentlichen Dienstleistungen von der Beratung der Unternehmen bis zur Eintragung aus einer Hand anbieten. Schon heute ist die IHK mit zahlreichen Registervorgängen befaßt und fungiert als kompetenter Ansprechpartner der Unternehmen ihrer Mitglieder. Der Blick beispielsweise nach Frankreich zeigt uns, daß ein solches Modell auch in der Praxis gut funktioniert.

## IV. Große Justizreform

**13** Wir brauchen eine grundlegende Justizreform. Schon am 22. September 1998 hat dies der damalige Bundesjustizminister Professor *Dr. Schmidt-Jortzig* gefordert. Auch die Justizministerkonferenz im November 2004 hat die Notwendigkeit gesehen, die Leistungsstärke und Zukunftsfähigkeit der Justiz angesichts der allgemeinen Finanzsituation durch strukturelle Reformen und eine Beschränkung der Justiz auf ihre Kernaufgaben sicherzustellen.

**These**: Die im Rahmen der „Großen Justizreform" unternommenen Anstrengungen dienen der Qualitätssicherung in der Justiz durch Deregulierung, Beschränkung des Rechtsmittelsystems auf das rechtsstaatlich Unerläßliche und optimale Ressourcennutzung, u.a. durch eine Flexibilisierung des Richtereinsatzes. Hierzu gehört auch die Zusammenlegung von Gerichtsbarkeiten.

Die Justizministerinnen und Justizminister haben in ihrem Eckpunkte-Papier zu einer „Großen Justizreform" darauf hingewiesen, daß die auf absehbare Zeit bestehenden Sparzwänge zu einer kontinuierlichen Schwächung der Dritten Gewalt führen würden, wenn diese Zwänge nicht zum Anlaß für nachhaltige Strukturverbesserungen in der Justiz genommen werden.

Die Beschränkung der Justiz auf ihre Kernaufgaben nimmt auch hier einen entscheidenden Platz ein.

Darüber hinaus werden aber eine Reihe weiterer Grundfragen aufgeworfen: 14

- Wie ist das Gerichtsverfassungs- und Prozeßrecht umzugestalten, damit es seiner Aufgabe, den Weg zur Beseitigung eines Rechtsstreits und zur Wiederherstellung des Rechtsfriedens zu bereiten, optimal gerecht wird?
- Welche prozessualen Standards sind für die Gewährleistung wirkungsvollen Rechtsschutzes unverzichtbar?
- Was zählt zu den Kernaufgaben der Justiz? Und welches sind die Aufgaben, die bislang zwar von der Justiz erfüllt werden, jedoch nicht zwingend auf die Dritte Gewalt bezogen sind und daher auch auf Dritte übertragen werden können? Diese Frage haben wir für Baden-Württemberg - wie eben dargestellt - bereits beantwortet.
- Welche Maßnahmen sind zu ergreifen, um einen möglichst effizienten Einsatz der verfügbaren personellen und sächlichen Ressourcen der Justiz sicher zu stellen?

Vier Ansatzpunkte werden hierfür als Antwort gesehen: 15

1. **Deregulierung**
   Dabei geht es darum, die **Gerichtsverfassungen möglichst einheitlich**, transparent und überschaubar auszugestalten. Dies gilt in besonderem Maße für das **Rechtsmittelsystem**. Außerdem müssen wir unter Wahrung der verfassungsrechtlich gewährleisteten richterlichen Unabhängigkeit dafür Sorge tragen, daß alle Möglichkeiten genutzt werden, das **richterliche Personal** gezielt in denjenigen Bereichen einzusetzen, in denen die meiste Arbeit anfällt.

2. **Aufgabenübertragung/-auslagerung**
   Hier stellt sich die Frage, welche Aufgaben, die derzeit den Gerichten zur Erledigung zugewiesen sind, tatsächlich von einem Gericht erledigt werden müssen. Zu denken ist hier insbesondere daran, verschiedene Aufgaben der Freiwilligen Gerichtsbarkeit, also in den Bereichen des Familien-, Erb-, Register- und Vollstreckungsrechts **auf Notare zu übertragen**. Weitere zentrale Gesichtspunkte sind die bereits angesprochene Privatisierung des Gerichtsvollzieherwesens und die Einbindung der Industrie- und Handelskammern in die Registerführung.

3. **Konzentration**
   Ungeachtet des Grundanliegens, die Gerichtsverfassungen und Prozeßordnungen möglichst zu vereinheitlichen, muß das **staatliche Rechtsschutzangebot der Bedeutung und den Besonderheiten der jeweiligen Sache Rechnung tragen**. Bedeutendere Angelegenheiten rechtfertigen einen höheren Aufwand. Bei Angelegenheiten von geringerer Bedeutung müssen wir uns hingegen fragen, ob die Relation von Aufwand und Nutzen im Rechtsmittelsystem für das Gemeinwesen noch stimmt. Ich denke hier etwa

an die aus meiner Sicht außerordentlich komfortabel ausgestalteten Rechtsmittelmöglichkeiten im Bereich des Ordnungswidrigkeitenrechts oder auch an die **Abschaffung von Nebenentscheidungen** und die **Beschränkung von Beschwerdemöglichkeiten gegen Nebenentscheidungen**. Außerdem müssen wir uns damit auseinandersetzen, ob wir mit Blick auf die Interessen der Parteien die Effizienz in der ordentlichen oder der Arbeitsgerichtsbarkeit noch dadurch steigern können, daß wichtige Sachen von vornherein beispielsweise den **Obergerichten in erstinstanzlicher Zuständigkeit zugewiesen** werden. Ferner ist die Neuordnung der Verbraucherentschuldung ein Thema, mit dem man sich in diesem Zusammenhang zu befassen haben wird.

4. **Qualitätssicherung**

*Last but not least* ein Thema, das mir ein besonderes Anliegen ist: die Qualitätssicherung in der Justiz. Auch sie zählt zu den Eckpfeilern der „Großen Justizreform“. Eine **effektive Organisation der Zusammenarbeit** und der Arbeitsabläufe, die Motivation und Leistungsbereitschaft der Mitarbeiter und ein positives Bild der Justiz in der Öffentlichkeit hängen maßgeblich davon ab, in welchem Ausmaß es gelingt, Richter, Staats- und Amtsanwälte, Rechtspfleger und Unterstützungskräfte dafür zu gewinnen, sich über ihren engeren Arbeitsbereich hinaus für die Funktionsfähigkeit der Justiz im Ganzen zu interessieren und zu engagieren. Ein solches Interesse und Engagement läßt sich nur durch **aktive Führung** in einem kommunikativen und kooperativen Führungsstil wecken und aufrechterhalten. Das setzt auch voraus, Richter, Staatsanwälte und Rechtspfleger mehr als bislang mit Personal- und Führungsverantwortung zu betrauen. Wir müssen den Mitarbeitern zudem Anreize schaffen, ihre Kompetenz durch regelmäßige Fortbildung auszubauen. All dies verlangt nach einem **konzeptionellen Qualitätsmanagement**.

## 1. Vereinheitlichung der Gerichtsverfassungen und Prozeßordnungen

**16** Hier liegt ein wichtiger Schwerpunkt einer strukturellen Reform der Justiz. Entsprechend der Aufgliederung der Gerichte in fünf Gerichtsbarkeiten haben sich deren jeweilige Gerichtsverfassungen und Prozeßordnungen in den vergangenen Jahrzehnten jeweils eigenständig, mit Blick auf die Besonderheiten des jeweiligen Sachgebietes, oftmals aber auch mit Rücksicht auf in der jeweiligen Gerichtsbarkeit tradierte Verfahrensweisen entwickelt.

Dies hat dazu geführt, daß sich das Gerichtsverfassungs- und Prozeßrecht der einzelnen Gerichtsbarkeiten auch immer weiter auseinanderentwickelt hat und in wichtigen Punkten einheitliche Linien, die für alle Gerichtsbarkeiten gelten, vermissen läßt. Es dürfte schon Kennern der Materie schwer fallen, auf einem DIN-A-4-Blatt die verschiedenen Besetzungen der **Richterbänke** unserer fünf Gerichtsbarkeiten aufzulisten. Sie werden übrigens mit einem Blatt wahrscheinlich nicht weit kommen – selbst wenn Sie sehr klein schreiben.

Dasselbe gilt für die unterschiedlichen **Fristen**, die bei der Einlegung und Begründung von Rechtsmitteln zu beachten sind. Sie werden Mühe haben, einen Rechtsexperten zu finden, der in der Lage ist, Ihnen aus dem Stehgreif und ohne weiteres Nachschlagen Auskunft über die verschiedenen Rechtsmittel in den einzelnen Verfahrensordnungen und über die hierbei jeweils zu beachtenden Fristen und Vertretungserfordernisse zu geben. Geht es wirklich nicht einfacher? Wir sollten es wagen, uns von so mancher Differenzierung in den einzelnen Prozeßordnungen zu verabschieden, auch wenn dies zur Folge haben mag, daß tradierte Handhabungen und Begrifflichkeiten aufgegeben werden müssen. Der Gewinn an Transparenz und Übersichtlichkeit wird diese Einbuße oftmals wettmachen.

Daß dies auch machbar ist, hat die unter Federführung des Sächsischen Staatsministeriums der Justiz beratende Bund-Länder-Arbeitsgruppe „Vereinheitlichung der Gerichtsverfassungen/Prozeßordnungen" mit ersten Lösungsansätzen hierzu aufgezeigt. In einem ersten Buch eines „Gerichtsverfassungs- und Prozeßgesetzes" ist es ihr gelungen, allein die Zahl der Vorschriften um 2/3 zu reduzieren.

## 2. Beschränkung der Rechtsmittel / Funktionale Zweigliedrigkeit

Das zweite Standbein der „Großen Justizreform" und des Vorhabens einer **17**
umfassenden Deregulierung des Prozeßrechts liegt in der **Neuordnung der Rechtsmittel**. Diese Neuordnung geht über eine Vereinheitlichung des Verfahrensrechts der verschiedenen Gerichtsbarkeiten noch deutlich hinaus. Es wird angestrebt, daß der Eingangsinstanz grundsätzlich jeweils nur noch ein Rechtsmittel folgen soll. Die Rechtseinheitlichkeit soll durch ein Vorlageverfahren für Fälle der Divergenz und der grundsätzlichen Bedeutung sichergestellt werden. Außerdem sind die Rechtsmittel zu vereinheitlichen und auf das verfassungsrechtlich Notwendige zu beschränken.

Unter meiner Leitung hat eine Staatssekretärs-Arbeitsgruppe in den vergangenen Monaten hierzu einen weit über 200 Seiten starken Bericht vorgelegt.

In diesem Bericht wird aufgezeigt, daß verschiedene Möglichkeiten bestehen, das deutsche Rechtsmittelsystem sinnvoll zu vereinheitlichen und dabei die Arbeit der Rechtsmittelgerichte auf die Erledigung rechtsmittelwürdiger Verfahren zu konzentrieren.

a. Ein erster Ansatzpunkt findet sich schon bei der **Abschaffung gerichtlicher** **18**
**Nebenentscheidungen und der Einschränkung deren Anfechtbarkeit**. Ich denke hier beispielsweise an die Ablehnung von Richtern, die Festsetzung von Streit- und Gegenstandswerten und dergleichen mehr. Ich wage es zu bezweifeln, ob es angesichts der zu vernachlässigenden Zahl von Stattgaben bei Befangenheitsanträgen wirklich wirtschaftlich sinnvoll ist, das Verfahren durch Nebenentscheidungen einschließlich deren Anfechtbarkeit, zum Teil nicht unerheblich zu verzögern; auch auf das Risiko hin, daß bei Entscheidung erst in der Hauptsache ein Verfahren dann halt mal wiederholt werden muß. Aber auch dann, wenn – wie etwa bei der

Streit- oder Gegenstandswertfestsetzung – die Nebenentscheidung der gerichtlichen Hauptsacheentscheidung nachfolgt, stellt sich die Frage, ob wir mit Blick auf das Ganze und im Interesse eines möglichst effizienten Einsatzes der Richter zukünftig nicht besser darauf verzichten sollten, Rechtsmittelmöglichkeiten hiergegen zu eröffnen.

**19** Die effizienteste Form der Entlastung der Gerichte ist immer dann gegeben, wenn sich die Gerichte mit bestimmten Angelegenheiten überhaupt nicht mehr befassen müssen. Hier bietet etwa das **Kostenfestsetzungsverfahren** Entlastungspotential, das wir nutzen sollten. Welcher Grund besteht nämlich, den kostenerstattungsberechtigten Verfahrensbeteiligten im Verhältnis zu allen anderen Menschen, denen ein Zahlungsanspruch gegen einen Dritten zusteht, zu privilegieren? Warum können wir es ihm nicht zumuten – wie wir es bei jedem Architekten, Ingenieur oder Handwerker auch tun – sich vor der Anrufung des Gerichts zunächst außergerichtlich an seinen Prozeßgegner zu wenden und ihm eine Rechnung zu stellen? Die Anrufung des Gerichts soll ihm hierdurch nicht verwehrt werden. Ihr Erfolg sollte aber vom nachweislichen Scheitern außergerichtlicher Einigungsbemühungen abhängig gemacht werden. Außerdem könnte ein heilsamer Druck, sich außergerichtlich zu einigen, noch dadurch geschaffen werden, daß das Kostenfestsetzungsverfahren gerichtskostenpflichtig ausgestaltet wird und derjenige die Kosten zu tragen hat, der im Verfahren unterliegt. Wenn ich bedenke, daß in Baden-Württemberg allein im Landgerichtsbezirk Konstanz bis zu neun Mitarbeiter damit beschäftigt sind, dann könnte eine Änderung nur in diesem Punkt Ressourcen von ca. 150 Arbeitskräften für andere Bereiche zum Ausgleich und Ersatz von bereits erfolgten Einsparungen freisetzen.

**20** b. Ein zweiter Ansatzpunkt einer Ressourcenkonzentration liegt in der **Neuordnung des Berufungsrechts**. Hier sind zwei Modelle in der Diskussion: Das eine zielt auf eine inhaltliche Beschränkung der vom Berufungsgericht im Rahmen des Berufungsverfahrens durchzuführenden Prüfungen. Das Berufungsgericht soll auf die Klärung der Frage beschränkt sein, ob das angefochtene Urteil der Eingangsinstanz an Rechtsfehlern leidet, die vom Berufungsführer ausdrücklich gerügt worden sind. Das andere Modell setzt auf eine Beschränkung des Zugangs zur Berufungsinstanz, indem es die Durchführung eines Berufungsverfahrens von einer ausdrücklichen Zulassung durch ein Gericht abhängig macht. Bereits das geltende Recht kennt solche Zugangsbeschränkungen zur Berufungsinstanz. Wir finden sie im Zivil-, Arbeits-, Straf- und Sozialprozeßrecht, besonders ausgeprägt aber im Verwaltungsprozeßrecht. Letzteres erscheint mir als Modell hierfür besonders geeignet.

Mit der Einführung des generellen Berufungszulassungserfordernisses im Jahr 1997 hat die Verwaltungsgerichtsbarkeit sehr gute Erfahrungen gesammelt. Sie hat mit dieser Maßnahme eine wirkungsvolle Entlastung erfahren, die der Qualität der Rechtsprechung mit Sicherheit keinen spürbaren Abbruch getan hat.

Die Justizstaatssekretäre haben sich auf ihrem Treffen in Schwerin mehrheitlich dafür ausgesprochen, das Modell der Einführung eines generellen Berufungszulassungserfordernisses weiter zu verfolgen.

Das Rechtsmittelrecht des Arbeitsgerichtsprozesses soll an dieses für den Zivil- **21**
prozesses befürwortete Modell angeglichen werden. Dies bedeutet, daß unabhängig vom Streitwert und vom Streitgegenstand die Berufung gegen Urteile der Arbeitsgerichte künftig von ihrer Zulassung abhängig gemacht werden soll[1]. Wie beim Zivilprozeß wird auch hier eingehend zu prüfen sein, ob die Gründe für die Zulassung der Berufung denen des Verwaltungsgerichtsprozesses angeglichen werden sollen. Auf die Besonderheiten des § 9 TVG gehe ich gleich noch ein. Diese Streitigkeiten sollte man dem LAG in erster Instanz übertragen.

Die – auch von Teilen der arbeitsgerichtlichen Praxis – geäußerte Befürchtung, die Verfahren in der ersten Instanz würden durch ein generelles Zulassungserfordernis aufgebläht, weil die Parteien durch den Wegfall der Garantie einer zweiten Tatsacheninstanz sich bemüßigt fühlen würden, alle möglichen Streitpunkte in der ersten Instanz auszufechten, teile ich nicht. Die Erfahrungen aus der Verwaltungsgerichtsbarkeit sprechen dafür, daß sich durch das Zulassungserfordernis kaum spürbare Zusatzbelastungen für die erste Instanz ergeben. Für die Arbeitsgerichtsbarkeit trifft dies aufgrund der hohen Vergleichsquote, die durch den Wegfall der Berufungsmöglichkeit tendenziell noch erhöht würde, verstärkt zu. Schon jetzt geht nur ein Bruchteil der beim Arbeitsgericht eingehenden Verfahren in die Berufung zum Landesarbeitsgericht; in Baden-Württemberg sind es etwa 3,5%.

Für den Bereich des Strafrechts haben sich die Staatssekretäre dafür ausge- **22**
sprochen, gegen die Urteile des Amtsgerichts weiterhin die Berufung wie bisher zuzulassen. Jedoch wird die Möglichkeit der Sprungrevision vom Amtsgericht zum Oberlandesgericht gestrichen. Hinzu kommt, daß der Schwellenwert für die Annahmebedürftigkeit der Berufung gegen ein Urteil des Amtsgerichts auf 60 Tagessätze angehoben werden soll. Diese Änderung hat erhebliche praktische Bedeutung: Denn mit ihr werden annähernd sämtliche Verurteilungen im Bereich des Verkehrsstrafrechts erfaßt. Ich erspare Ihnen hierzu nähere Ausführungen.

## 3. Flexibler Richtereinsatz / Zusammenlegung der Gerichtsbarkeiten

Lassen Sie mich nun noch auf ein anderes Thema der „Großen Justizreform“ zu **23**
sprechen kommen, das gewissermaßen zum Reizthema geworden ist, lange vor dem Beschluß der Justizministerkonferenz: die Flexibilisierung des Richtereinsatzes und in diesem Zusammenhang die **Zusammenlegung von Gerichtsbarkeiten**. Das

1 Bislang ist eine Berufung gem. § 64 ArbGG möglich,
- wenn sie im Urteil zugelassen ist (grundsätzliche Bedeutung der Rechtssache, Divergenz, Streitigkeit zwischen Tarifvertragsparteien aus Tarifverträgen oder über deren Bestehen),
- der Wert des Beschwerdegegenstandes 600 € übersteigt **oder**
- gegen ein Versäumnisurteil, gegen das der Einspruch nicht statthaft ist, wenn die Berufung darauf gestützt wird, daß ein Fall der schuldhaften Säumnis nicht vorliegt.

Interesse, unsere Richterinnen und Richter möglichst jeweils in denjenigen Bereichen einzusetzen, in denen aktuell die meiste Arbeit anfällt, steht in einem natürlichen Spannungsverhältnis mit der verfassungsrechtlichen Gewährleistung der persönlichen Unabhängigkeit des Richters, die ihre Grundlage in Artikel 97 des Grundgesetzes findet.

Die richterliche Unabhängigkeit ist für ein Gemeinwesen, das sich nach rechtsstaatlichen Maßstäben organisiert, gewiß ein hohes Gut. Sie ist allerdings kein grundrechtsgleiches Recht des Richters; vielmehr sichert sie die Eigenständigkeit und Funktionsfähigkeit der Justiz als Dritter Gewalt im Staate. Sie ist jedoch nicht in der Weise absolut gewährleistet, daß sie – wie etwa die Würde des Menschen – einer Abwägung mit anderen Grundanliegen der Verfassung nicht zugänglich wäre. Artikel 97 selbst sieht eine Reihe von Einschränkungsmöglichkeiten vor, die im Deutschen Richtergesetz ihre einfachgesetzliche Umsetzung gefunden haben. Daraus wird deutlich, daß die Unversetzbarkeit der Richter insbesondere dann Einschränkungen erfahren kann und ich meine auch muß, wenn es der Gesetzgeber als geboten erachtet, die Gerichtslandschaft neu zu gestalten, um die Funktionsfähigkeit der Justiz zu erhalten oder zu stärken. Hier setzen in erster Linie unsere Überlegungen an.

**24** Dabei ist ein wesentlicher Baustein in dem Bemühen, die Flexibilität des Richtereinsatzes zu erhöhen, die **Zusammenlegung der öffentlich-rechtlichen Gerichtsbarkeiten**.

Diejenigen, die mich kennen wird es nicht wundern, wenn ich sage: Ich halte den Schritt zu einer Zusammenlegung für richtig und auch notwendig.

Ein flexibler, den jeweiligen Bedürfnissen angepaßter Richtereinsatz gestaltet sich gerade in den öffentlich-rechtlichen Fachgerichtsbarkeiten besonders schwierig. Aufgrund der **geringeren Größe** dieser Gerichtsbarkeiten ist die Fluktuation erheblich geringer als in der ordentlichen Gerichtsbarkeit. Zudem war in Baden-Württemberg – wie auch in anderen Bundesländern – gerade für die Verwaltungs- und Sozialgerichtsbarkeit eine gegenläufige Entwicklung der Eingangszahlen in den letzten 15 Jahren kennzeichnend. Diese unterschiedliche Belastungssituation wird sich aller Voraussicht nach künftig fortsetzen und aufgrund des zum 1. Januar 2005 erfolgten Übergangs der Zuständigkeit für Sozialhilfeangelegenheiten von den Verwaltungs- auf die Sozialgerichte noch erheblich verstärken.

Die Justizministerinnen und Justizminister haben sich daher bereits im Sommer 2004 dafür ausgesprochen, es jedenfalls den Ländern zu ermöglichen, ihre Gerichte der öffentlichen-rechtlichen Gerichtsbarkeiten zu einheitlichen – größeren – Fachgerichten zusammen zu führen und in diesen spezielle Spruchkörper für Verwaltungs-, Sozial- und Finanzsachen einzurichten. Dieses Modell würde es ermöglichen, Belastungsschwankungen in den einzelnen Bereichen kurzfristig im Wege der Geschäftsverteilung innerhalb des jeweiligen Gerichtes zu begegnen. Damit wäre es nicht mehr Sache der Justizverwaltung, sondern vielmehr eine

Aufgabe der Richter vor Ort selbst, für eine möglichst gleichmäßige Arbeitsbelastung zu sorgen. Das Land Baden-Württemberg hat zusammen mit anderen Ländern entsprechende Gesetzentwürfe in den Bundesrat eingebracht, die dort im Herbst 2004 mit einer großen 2/3-Mehrheit angenommen worden sind. Der Deutsche Bundestag hat es bislang unterlassen, sich mit diesen Gesetzentwürfen näher auseinander zu setzen.

Auch wenn der Weg zu einer einheitlichen Gerichtsbarkeit noch beschwerlich zu sein scheint, so haben wir in Baden-Württemberg doch wenigstens einen kleinen Teilschritt hierzu bereits umsetzen können:

## 4. Die Vereinigung aller Gerichtsbarkeiten unter dem Dach des Justizministeriums

Am 1. April 2004 ist die Zuständigkeit für die Arbeitsgerichtsbarkeit vom Sozial- auf **25**
das Justizministerium übergegangen. Wie die meisten übrigen Bundesländer verfügt nunmehr auch Baden-Württemberg über ein einheitliches Rechtspflegeministerium.

## 5. Zusammenlegung der Arbeitsgerichtsbarkeit mit der ordentlichen Gerichtsbarkeit

**These**: Die Arbeitsgerichtsbarkeit bleibt vom Spar- und Reformdruck nicht **26**
ausgenommen. Auch hier müssen neue Wege zur Optimierung und zur Aufgabenverlagerung geprüft werden.

Wenn wir an die Zusammenlegung der öffentlich-rechtlichen Fachgerichtsbarkeiten denken, stellt sich naturgemäß die Frage, was mit der dann als einzige „kleine" Gerichtsbarkeit übrig bleibenden Arbeitsgerichtsbarkeit geschehen soll. Ist es wirklich erforderlich, die Arbeitsgerichtsbarkeit als eigenständige Gerichtsbarkeit zu erhalten?

Ich kann das **Argument eines drohenden Qualitätsverlusts** nicht gelten lassen. **27**
Wollen Sie wirklich ernsthaft behaupten, in der ordentlichen Gerichtsbarkeit, in der bereits heute so verschiedene Materien wie das Zivilrecht, das Strafrecht und die freiwillige Gerichtsbarkeit unter einem Dach vereint sind, würde keine qualitativ gute Rechtspflege betrieben? Was spricht dagegen, besondere Spruchkörper für Arbeitsrecht einzurichten? Würde nicht vielmehr auch die Arbeitsgerichtsbarkeit erheblich davon profitieren, daß personelle Engpässe kurzfristig durch den flexibleren Richtereinsatz innerhalb einer einheitlichen ordentlichen Gerichtsbarkeit ausgeglichen werden könnten? Würde der im Wege der Geschäftsverteilung zu bewerkstelligende Wechsel von Richtern zwischen arbeitsrechtlichen und allgemein-zivilrechtlichen Referaten nicht auch zu einer Befruchtung beider Rechtsmaterien beitragen können?

Ich meine schon, daß langfristig nur Argumente für eine Integration der Arbeitsgerichtsbarkeit in die ordentliche Gerichtsbarkeit sprechen können.

Schließlich sind dieselben Synergie- und Flexibilisierungseffekte wie bei einer Integration der Fachgerichtsbarkeiten zu erwarten. Die Diversität der verschiedenen, unter dem Dach der ordentlichen Gerichtsbarkeit bislang vereinten Verfahrensarten und Rechtsmaterien zeigt auch, daß eine Spezialisierung bestimmter Abteilungen oder Kammern innerhalb der ordentlichen Gerichte problemlos möglich ist.

**28** Es entspräche aber politischer Betriebsblindheit, wollte man nicht sehen, daß bei der derzeitigen politischen Landschaft ein Vorstoß in dieser Richtung nicht erfolgversprechend erscheint. Die gesellschaftlichen Gruppen die – übrigens meiner Meinung nach völlig zu Unrecht – ihren Einfluß auf die Arbeitsgerichtsbarkeit gefährdet sehen, wenn sie in die ordentliche Gerichtsbarkeit integriert würde, weil sich an der Besetzung der Kammern gar nichts ändern muß, stehen Gewehr bei Fuß, um jegliche, von Sachargumenten getragene Diskussionen in diese Richtung mit all ihrer politischen Kraft im Keim zu ersticken. Deshalb strebt Baden-Württemberg derzeit auch nur eine Zusammenlegung der öffentlich-rechtlichen Fachgerichtsbarkeiten an.

## V. Reformen im Arbeitsrecht

Unabhängig von der Frage der Zusammenlegung lassen sich aber auch im Bereich der Arbeitsgerichtsbarkeit prozeß- und materiellrechtliche Reformüberlegungen anstellen, die uns dem Ziel der Funktionserhaltung und Qualitätssicherung bei immer schwierigeren Rahmenbedingungen näher bringen könnten.

### 1. Erstinstanzliche Zuständigkeit der Landesarbeitsgerichte

### a. Bei Tarifstreitigkeiten

**29** Wie so oft kann auch hier letztendlich weniger mehr sein. Dies gilt auch und gerade dann, wenn es um die Anzahl möglicher Gerichtsentscheidungen zu ein und demselben Sachverhalt geht. So halte ich den Weg, den die Verwaltungsgerichtsordnung etwa bei der erstinstanzlichen Zuständigkeit der Oberverwaltungsgerichte und Verwaltungsgerichtshöfe in besonders bedeutsamen Verfahren mit einer Vielzahl von betroffenen Personen in einem überregionalen Bereich gegangen ist, auch in der Arbeitsgerichtsbarkeit für erwägenswert.

1. Divergierende erstinstanzliche Entscheidungen zu ein und demselben Sachverhalt, zumal bei eingeschränkten Berufungsmöglichkeiten werden vermieden.

2. Durch die Verkürzung des Rechtswegs wird Rechtssicherheit schneller erreicht und Kosten werden minimiert.

3. Die Ansiedelung bei einem Obergericht bietet höchste Gewähr für formelle und inhaltliche Qualität.

4. Die bisherigen erstinstanzlichen Gerichte werden entlastet.

Daher spricht meines Erachtens viel dafür, bestimmte Streitigkeiten aus dem Kollektivarbeitsrecht, die den genannten Kriterien der Überregionalität und der Relevanz für eine Vielzahl von gleichartig Betroffenen entsprechen, **in erstinstanzlicher Zuständigkeit auf die Landesarbeitsgerichte zu übertragen**.

Ich denke hier insbesondere an § 9 Tarifvertragsgesetz (TVG)[2]. Die über diese Norm **30**
eröffnete Verbandsklage, mit der die Gültigkeit und die Auslegung von Tarifverträgen verbindlich festgestellt werden können, ist doch ihrem Wesen nach nichts anderes als ein Normenkontrollverfahren. Tarifverträge binden im Fall ihrer Allgemeinverbindlichkeit nicht nur die Tarifvertragsparteien selbst, sondern darüber hinaus auch Unternehmen und Arbeitnehmer, die nicht Mitglieder der Tarifvertragsparteien sind, auch wenn nicht jeder Normunterworfene das Verfahren in Gang setzen kann, sondern nur eine der Tarifvertragsparteien selbst.

Die Bindungswirkung einer rechtskräftigen Entscheidung nach § 9 TVG geht weit: Soweit ihre Feststellungswirkung reicht, setzt sie neues, ggf. auch höhere Gerichte bindendes Recht. So kann etwa das Arbeitsgericht Heilbronn - sofern die Parteien das Urteil rechtskräftig werden lassen - eine auch sämtliche Landesarbeitsgerichte und das BAG bindende Entscheidung treffen. Dieser Bedeutung der Entscheidungen korrespondiert die Veröffentlichungspflicht für die Urteile nach § 63 ArbGG. Allerdings steht den Parteien in den Verfahren nach § 9 TVG immer der Rechtsweg bis zum BAG offen, die Berufung ist stets zuzulassen[3] und die Beschwerde gegen die Nichtzulassungsbeschwerde ist immer zulässig[4]. Das heißt also: Wir haben ein Normenkontrollverfahren eingerichtet, das in aller Regel den Weg durch drei Instanzen schon vorgibt. Da drängt sich unwillkürlich die Frage auf: Ist das wirklich notwendig?

Ich meine, daß jedenfalls immer dann, wenn der im Streit stehende Tarifvertrag nicht nur örtlich begrenzt, das heißt innerhalb des Zuständigkeitsbereichs eines Arbeitsgerichts, sondern darüber hinaus Geltung in dem genannten Umfang entfaltet, eine erstinstanzliche Zuständigkeit des Landesarbeitsgerichts vorgesehen werden sollte. Damit würde der Bedeutung dieser Art von „Normenkontrollverfahren" Rechnung getragen und gleichzeitig der Instanzenweg verkürzt. Das wiederum schont Ressourcen.

---

2 § 9 TVG lautet: „Rechtskräftige Entscheidungen der Gerichte für Arbeitssachen, die in Rechtsstreitigkeiten zwischen Tarifvertragsparteien aus dem Tarifvertrag oder über das Bestehen oder Nichtbestehen des Tarifvertrages ergangen sind, sind in Rechtsstreitigkeiten zwischen tarifgebundenen Parteien sowie zwischen diesen und Dritten für die Gerichte und Schiedsgerichte bindend."

3 § 64 Abs. 3 Nr. 2a ArbGG.

4 § 76 Abs. 2 Nr. 1 ArbGG.

### b. Einstweilige Verfügungen in Streiksachen

31 Ähnliches gilt übrigens auch für einstweilige Verfügungen in Streiksachen, die ebenfalls in aller Regel überregionale Bedeutung haben. Auch hier ist ein kurzer Instanzenweg und eine hohe inhaltliche Qualität der Entscheidung gefragt. Eine Vielzahl von Arbeitnehmern und Unternehmen ist von solchen zeitkritischen Verfahren - zuweilen existenziell - betroffen. Eine rasche Klärung solcher Fälle durch das Landesarbeitsgericht liegt im gesamtwirtschaftlichen Interesse, dem die Justiz genauso verpflichtet ist wie den Belangen der Einzelnen.

### 2. Einigungsstellen

32 Für sinnvoll hielte ich es auch, die Einigungsstellen für Streitigkeiten über Mitbestimmungsrechte in die Arbeitsgerichtsbarkeit einzugliedern. In der Realität ist es doch so, daß in einer weitaus überwiegenden Zahl der Fälle Arbeitsrichter gebeten werden, den Vorsitz der Einigungsstellen zu übernehmen.

Man muß daher schon fragen, warum diese Verfahren nicht gleich in die Arbeitsgerichtsbarkeit integriert werden. Dies hätte den Vorteil, daß einstweilige Anordnungen und Regelungen mit vollstreckbarem Inhalt getroffen werden könnten. Darüber hinaus würden eigene Verfahren über die Zuständigkeit der Einigungsstelle und die Mitbestimmungspflichtigkeit des Sachverhalts überflüssig.

Die Einigungsstelle ist gesetzlich vorgesehen. Sie ist zwar ein Instrument zwingend vorgeschalteter „privater" Streitbeilegung und fördert ihrem Wesen nach die Autonomie von Arbeitgeber und Mitbestimmungsgremium. Faktisch wird sie aber heute schon von der Gerichtsbarkeit - allerdings nur als Nebentätigkeit - wahrgenommen. Dann ist es aber aus Gründen der Verfahrensökonomie sicher besser, diese gleich in das gerichtliche Verfahren zu integrieren.

### 3. Außergerichtliche Streitschlichtung

33 Andererseits stellt sich für mich die Frage, ob es wirklich notwendig ist, den ganzen Aufwand eines arbeitsgerichtlichen Verfahrens auch dort vorzusehen, wo es beispielsweise weniger um wirklich rechtliche Fragen als vielmehr um die große Zahl von Streitigkeiten bezüglich der Formulierung einzelner Passagen eines Arbeitszeugnisses geht. Müssen diese Fälle, die sich ohnehin nach einer längst höchstrichterlich festgelegten Sprachregelung richten müssen, tatsächlich in jedem Fall vor einem Arbeitsgericht ausgefochten werden? Wäre es nicht sinnvoller, den Parteien in diesen Fällen eine obligatorische außergerichtliche Streitschlichtung aufzugeben? Dasselbe gilt meiner Überzeugung nach für den Streit über die Entfernung von bestimmten Bestandteilen der Personalakte, etwa von Abmahnungen? Ein solcher Streit vor den Arbeitsgerichten kostet derzeit lediglich 80 €, nimmt aber Ressourcen in Anspruch, die ein Vielfaches dieser Summe kosten.

Ein geregeltes Verfahren, das die Streitparteien vor einem unparteiischen Dritten zusammenkommen läßt und ihnen die Gewähr bietet, mit ihren Anliegen gehört zu werden, wäre mit deutlich weniger Aufwand zu bewerkstelligen. Die Verbindlichkeit und Vollstreckbarkeit eines dort erreichten Vergleichs wäre mit einfachen Mitteln sicherzustellen.

## 4. Umwandlung von Kündigungsschutzklagen in Abfindungsschutzverfahren

Die größte Belastung der Arbeitsgerichte rührt, das wissen Sie alle, von den 34
**Kündigungsschutzklagen** her. Etwa 50% aller arbeitsgerichtsgerichtlichen Verfahren sind solche nach dem Kündigungsschutzgesetz. Doch sehen wir uns die Realität dieser Verfahren an: Der Arbeitgeber spricht eine Kündigung aus, sei sie verhaltens- oder betriebsbedingt, und der Arbeitnehmer geht zu seinem Rechtsanwalt oder seiner Gewerkschaft, um sich nach den Rechtsschutzmöglichkeiten zu erkundigen. Dort wird man ihm in aller Regel zur Klage raten, denn Chancen auf eine Abfindung bestehen allemal.

Das gegenwärtige System unseres Kündigungsschutzrechts ist auf Bestandsschutz ausgerichtet. Faktisch geht es aber meist um die Abfindung. Wäre es da nicht sinnvoller, an eine grundsätzliche Umstellung des Systems des Kündigungsschutzes zu denken? Denn wenn dieses Verfahren in den allermeisten Fällen nicht darauf hinausläuft, bei einer rechtsfehlerhaften Kündigung das Arbeitsverhältnis zu erhalten, sondern darauf, dem Arbeitnehmer eine Abfindung in bestimmter Höhe zuzusprechen, ist es ein Gebot der Rechtsklarheit, das Anspruchsziel entsprechend umzuformulieren und den Rechtsstreit hierauf auszurichten. *Willemsen* hat es treffend ausgedrückt: „Das Kündigungsschutzrecht sollte sich der Realität anpassen – und nicht umgekehrt."[5]

Der auf Abfindung – und nicht mehr auf Bestandsschutz – gerichtete Rechtsstreit würde keine Spiegelfechtereien erfordern, sondern einer rationalen Streitbeilegung dienen. Der Arbeitnehmer hätte einen Anreiz, sich rasch um einen neuen Arbeitsplatz zu bemühen, anstatt die Suche nach neuer Arbeit für die Dauer des Prozesses hinauszuschieben, da ansonsten eine Anrechnung seines anderweitigen Erwerbs auf den Annahmeverzugslohn erfolgen würde – und das Druckmittel gegen den Arbeitgeber wegfiele.

Natürlich kann sich der **Wandel vom Bestandsschutz zum Abfindungsanspruch** 35
**nur** auf Kündigungen des Arbeitgebers beziehen, die nicht aus einem vom Arbeitnehmer zu vertretenden wichtigen Grund im Sinne von § 626 BGB oder aus verhaltensbedingten Gründen im Sinne von § 1 KSchG erfolgen. Auch wird man den besonderen Kündigungsschutz, den Betriebsratsmitglieder, Schwerbehinderte oder im Mutterschutz befindliche Arbeitnehmer genießen, nicht durch Abfindungsregelungen aushebeln. Für die große Menge der übrigen Fälle arbeitgeberseitiger Kündigungen wären aber feste, nachvollziehbare Regelungen zur Höhe einer bei

5 *Willemsen*, Kündigungsschutz – vom Ritual zur Rationalität – Gedanken zu einer grundlegenden Reform, NJW 2000, 2779 ff.

jeder solchen Kündigung zu zahlenden Abfindung zu definieren, die einen Streit hierüber vor den Arbeitsgerichten in den meisten Fällen von vornherein überflüssig erscheinen ließen. Für darüber hinaus vom Arbeitnehmer zu Recht als sozialwidrig beanstandete Kündigungen wäre dann ein Anspruch auf zusätzliche, über die Grundabfindung hinausgehende Abfindung gegeben, deren Höhe sich ebenfalls an klar definierten Kriterien messen lassen müßte.

Sicherlich sind hier verschiedene Möglichkeiten der Gestaltung einer solchen Reform denkbar. Ich will und kann dies hier nicht vertiefen. Zentral wäre aber das Ziel, den Kündigungsschutz von seiner Irrationalität zu befreien und den Parteien klare, begrenzte und vorhersehbare Prozeßrisiken vor Augen zu führen. Dies ist meines Erachtens der beste Weg zur Prozeßvermeidung – und damit zu einer Entlastung der Arbeitsgerichte, die ihre immer knapper werdenden Ressourcen den verbleibenden Streitigkeiten widmen könnten.

## VI. Schluß

**36** Die Herausforderungen, vor denen die Justiz steht, verlangen eine intensive Beschäftigung mit einem strukturellen Wandel auf allen Ebenen und in allen Gerichtsbarkeiten, im Verfahrensrecht und zum Teil auch im materiellen Recht. Wir werden die Funktionsfähigkeit der Justiz auf einem hohen Qualitätsniveau nur sicherstellen können, wenn wir diese strukturell gebotenen Veränderungen als Chance begreifen. *Max Frisch* hat einmal so trefflich formuliert: „In jeder Krise steckt auch eine Chance, wenn man ihr nur den Beigeschmack der Katastrophe nimmt." Und ein chinesisches Sprichwort stellt dazu ebenso lapidar wie zutreffend fest, daß immer dann, wenn der Wind der Veränderung weht, die einen Mauern zu ihrem Schutz vor diesem Wind bauen, die andern Windmühlen. Im Interesse der Justiz und unseres Rechtsstaates empfehle ich den Bau von Windmühlen.

## B. Diskussion

### Stephan Götzl, Genossenschaftsverband Bayern:

Ich spreche nichts Langatmiges. Als Kaufmann vom Lande würde ich mich überhaupt 37 nicht trauen, zu so einer sachfremden Materie inhaltliche Ausführungen zu machen. Allerdings hat mich sehr beeindruckt, Herr *Steindorfner*, was Sie - zwar zaghaft, aber immerhin - zum Thema Ablaufveränderungen in der Gerichtsbarkeit angesprochen haben. Ich erinnere mich. In meinem früheren Berufsleben war ich einmal Unternehmensberater und durfte in einer großangelegten Strukturanalyse der Rechtspflege - es muß 1998/99 unter dem Staatssekretär Kinkel gewesen sein - mit vielen anderen Unternehmensberatern die deutsche Justizbarkeit anschauen. Wir durften nicht schreiben, was ich Ihnen jetzt sage. Aber in ihrem Haus liegt das garantiert noch vor, daß allein durch Veränderungen von Abläufen, das hat noch nichts mit materiellen, inhaltlichen oder sonstigen Dingen zu tun, locker 20-25% der Kosten eingespart werden konnten. Ich erinnere mich da sehr gut an Diskussionen über die richterliche Unabhängigkeit, die sich damals ergötzten an Dingen wie, ob oder ob nicht und wenn ja, welches Diktiergerät man nimmt geschweige denn PCs. Das sind Dinge, die tatsächlich noch ein enormes Rationalisierungspotential darstellen, das noch nicht erschlossen ist. Da bin ich mir ganz sicher, wenn ich mich heute so umsehe, und auch das muß man angehen, letztlich zum Nutzen der ganzen Justiz. Ansonsten haben Sie völlig Recht, ich hatte zu meinem Nachbarn gesagt: „Eigentlich fühlt man sich fast wie in Schwarzafrika, wenn man sich das anhört, wie weit wir mit den finanziellen Ressourcen gekommen sind". Wir müssen das jetzt angehen und abschließen. Das hat nichts damit zu tun, daß sich irgend jemand für eine Verkürzung der Rechtssicherheit ausspricht, denn in der Tat, wenn Sie international unterwegs sind, dann wissen Sie, daß das ein wichtiges Gut ist. Aber wir müssen es angehen. Vielen Dank. Ich wollte Sie nur noch einmal auf diese Strukturanalyse der Rechtspflege aufmerksam machen, zwischen den Zeilen kann man da eine ganze Menge lesen.

### Angelika Mack, Arbeitsgericht München:

Das, was ich in Ihrem Vortrag vermisse, Herr *Steindorfner*, steht unter dem 38 Oberbegriff Einsparmöglichkeiten angesichts unserer prekären Haushaltslage. Es sieht wahrscheinlich jeder, der im Saal ist, ein, daß wir das machen müssen. Aber, ob Sie nicht sinnvoller Weise jeden Präsidenten eines jeden Gerichts fragen würden, wo er Einsparmöglichkeiten sieht, da würde ich bei uns, und ich nehme an, das würde bei jedem Gericht so sein, eine Vielfalt von Einsparmöglichkeiten sehen. Allein die Zusammenlegung, die bei Ihnen jetzt befürwortet ist, zwischen ordentlicher Gerichtsbarkeit und Arbeitsgerichtsbarkeit durch einen flexibleren Richtereinsatz, der ist bei Ihnen nicht mit Zahlen belegt worden - und kann es wahrscheinlich auch nicht - was würde die unter dem Strich bringen? Wir haben im Vortrag gehört, daß die ordentliche Gerichtsbarkeit überlastet ist und von Aufgaben entlastet werden soll. Wir haben da eine belastete Gerichtsbarkeit. Die Arbeitsgerichtsbarkeit ist genauso belastet. Wenn wir jetzt zwei Kranke zusammenlegen, gibt das noch keinen Gesunden. Und von daher denke ich, wäre ein viel größeres Potential gegeben, wenn Sie, wie Sie gesagt haben, motivierte Richter bringen. Und die bringen Sie nur in flachen Hierarchien, nicht in einem riesigen Körper, wo der Präsident bzw. die Präsidentin, die einzelnen Richter überhaupt nicht mehr kennen kann. Und ich glaube, Sie hätten viel mehr gewonnen, wenn Sie Einsparmöglichkeiten auf anderen Gebieten in den eigenen Gerichtsbarkeiten wählen würden und im übrigen eine Flexibilisierung auch durch Anreize bei Beförderungen – wenn man sich auch mal gerichtsübergreifend versetzen läßt – attraktiver gestalten würden.

**Michael Steindorfner, Justizministerium Baden-Württemberg:**

**39** Wenn ich ganz kurz darauf antworten darf. Zum ersten Teil Ihres Bemerkens, ich bräuchte nur den Präsidenten zu fragen: Ich tue das natürlich regelmäßig. Die letzte Dienstbesprechung mit allen Präsidenten der ordentlichen Gerichtsbarkeit – in der letzten Woche war es mit allen Fachgerichtsbarkeiten – haben wir gerade erst hinter uns. Ich übertreibe es jetzt und überspitze etwas, das räume ich ein, aber bisher bekomme ich als Antwort immer nur, was nicht geht, aber selten, was geht. Ich könnte Ihnen dies jetzt wirklich konkretisieren – das können wir gerne nachher einmal in der Mittagspause machen – da sage Ihnen ich viele Beispiele. Wir haben Workshops gemacht mit Vorschlägen, von denen in der Präsidentenrunde nicht ein einziger übrig geblieben ist. Dort habe ich dann immer erfahren, warum alles nicht geht.

Das zweite: Natürlich – Sie werden es meinem Vortrag entnommen haben – die Zusammenlegung der Gerichtsbarkeit spielt gar nicht die Rolle vom Inhalt her, das habe ich auch nicht gesagt. Und ich habe auch noch nie behauptet, daß die Synergieeffekte das Entscheidende sind. Eine Zusammenlegung von Bibliotheken ist von geringer Bedeutung in einer Zeit, wo wir in zehn Jahren gar keine Bibliothek mehr haben werden – nirgends – weil jeder das über den PC alles viel besser, einfacher abruft. Natürlich, bei uns arbeiten doch heute schon kaum noch Kollegen in der Bibliothek. Wir haben alles: Juris-Anschluß, Beck-online, etc. Wir haben heute nahezu alle Literatur auf dem PC. Das sind doch nicht die Probleme, die wir dabei haben, sondern wir müssen Handhabungen haben, einen flexibleren Einsatz zu gewährleisten. Das gibt es ja auf verschiedenen Wegen, die Zusammenlegung ist einer davon. Ich teile Ihre Auffassung, daß die Motivation der Leute ganz entscheidend ist. Flache Hierarchien sind völlig richtig. Übrigens kann ich auch eine flache Hierarchie in einem Riesenapparat haben. Die Frage ist nur, ob ich es mal schaffe, Personal- und Führungsverantwortung zu delegieren und daß diese vor Ort angenommen wird, indem der einzelne Richter sich für sein Serviceteam verantwortlich fühlt, daß er Führung übernimmt, daß Jahres- und Mitarbeitergespräche geführt werden, daß sich einer in die Verantwortung nehmen läßt dafür und nicht sagt, das geht mich nichts an. Da teile ich Ihre Auffassung. Ich habe das Qualitätsmanagement nur kurz angerissen: Personalentwicklungskonzepte. Ich predige seit zehn Jahren bei Führungskräfteseminaren und an Richterakademien für solche

Konzepte, und das ist ein mühsames Geschäft. Ich habe in Nordrhein-Westfalen bei einer Veranstaltung der Sozialrichter - bei jungen Leuten - nur massivsten Widerstand dagegen gehört, für Servicekräfte Verantwortung mitzuübernehmen. Das solle der Geschäftsleiter machen - bei jungen Richtern, das hat mich am meisten enttäuscht. Wir haben dort ein enormes Potential, was wir erst einmal beackern müssen. Und wenn der Satz stimmt - das können Sie besser beurteilen -, daß 40% der Varianz im Erfolg eines Unternehmens in der Führung liegt, dann haben wir da eine Menge zu tun und da können wir mehr erreichen. Ich habe hier - wie Sie in meinem Vortrag gehört haben - nicht gesagt, daß das allheilende und einzige Mittel unserer Problemlösung in der Zusammenlegung der Gerichtsbarkeit liegt.

Und zu dem anderen Teil Ihrer Auffassung: Wir haben in den Abläufen nach wie vor enormes Potential. Ich möchte nur ein einziges Beispiel nennen. Wir haben mittlerweile Qualitätszirkel bei den Gerichten und da kommen tolle Sachen heraus, aber wir haben immer noch das gleiche Problem, das wir seit Jahrzehnten mit uns herumschleppen: Wir haben keine Informationskultur. Das Verwaltungsgericht Freiburg hat hervorragende Ideen. Davon erfährt aber das Verwaltungsgericht Sigmaringen überhaupt nichts. Das heißt, die fangen an, das gleiche neu zu erfinden. Den Fehler, den wir im EDV-Bereich beispielsweise bei 16 Bundesländern machen, daß wir immer meinen, es muß jedes Bundesland für sich das Allerbeste selber neu entwickeln, statt das wir einmal hergehen und uns auch mit weniger zufrieden geben, dafür aber mit Kostenteilung unter 16 Ländern. Das gleiche machen wir im Kleinen. Allein schon in unserer Informationskultur: Daß wir es nicht schaffen, die Dinge, die gut laufen, allgemein zur Verfügung zu stellen. Da sind unheimlich viele Potentiale drinnen, da stimme ich Ihnen zu. Nur die müßten wir angehen. Und das schaffen wir nur - und da appelliere ich insbesondere an die Richter, die hier sind - wenn die Justiz das als ihre ureigenste Aufgabe versteht und nicht immer auf eine Justizverwaltung von oben wartet, die die Vorschläge macht. Die müssen von unten kommen. Sie müssen es als Ihre Aufgabe sehen, Sie müssen das Bedürfnis haben, diesen Staat zu retten, finanziell zu retten und damit eine funktionsfähige Justiz zu garantieren. Das muß aber in den Köpfen jeder Führungskraft als ureigenste Aufgabe drinnen sein.

**Hans-Jürgen Spitzweg, Spitzweg Partnerschaft Rechtsanwälte:**

Zwei Anmerkungen noch. Zum einen scheint mir der Subventionsabbau innerhalb **40**
der Gerichtskostensysteme vielleicht noch erwägenswert, denn warum muß zum Beispiel die Arbeitsgerichtsbarkeit so enorm subventioniert werden, während zum Beispiel die Wohnraummiete dann ja ebenfalls ein Grundbedürfnis des Menschen beinhaltete. Zum zweiten: Ob die erwogene Möglichkeit, Einigungsstellenverfahren wieder in die Gerichte hineinzubekommen, ob das dann eigentlich die Kernaufgabe der Justiz ist, oder ob man nicht an dieser Stelle gerade eher umgekehrt überlegen sollte, wie weit Richter für Einigungsstellen dann überhaupt noch zur Verfügung stehen dürften, schien mir etwas widersprüchlich in dem Katalog den Sie hier aufgeführt haben.

**Michael Steindorfner:**

41 Zum Subventionsabbau teile ich Ihre Auffassung, es ist nur ein sehr mühsamer politischer Prozeß, das wissen Sie auch. Wir sind erste Schritte gegangen, übrigens im Bereich der Sozialgerichtsbarkeit, wo ein völlig kostenfreies Verfahren bestanden hat, und, das wird den einen oder anderen vielleicht dann doch wundern, auch in den kassenärztlichen Verfahren, die ein Kassenarzt kostenlos führen konnte. Es war gegen die Gewerkschaften kaum durchzukriegen, hier etwas zu ändern. Das wundert jetzt auch wieder, dort war aber die schlichte Befürchtung, daß damit die Schranken fallen für weitere Verfahren und deshalb hat man so dagegen gekämpft. In einem bescheidenen Schritt ist uns das dort gelungen. Wir versuchen auch in anderen Bereichen anzusetzen. Übrigens auch das Modell des freiberuflichen Gerichtsvollziehers, das ich Ihnen vorgestellt habe, geht nur gegen Gebührenerhöhungen. Wir haben jetzt ein Minus von 40.000 € pro Gerichtsvollzieher pro Jahr. Wenn ich den freiberuflich ausgestalten will – der will ja was verdienen, der macht es nicht für 40.000 € Minus – muß ich dort etwas tun. Es ist aber einem Unternehmer als Gläubiger auch etwas wert, wenn er schnell zu seinem Geld kommt. Das belegen die Beispiele in den Nachbarländern. Da stimme ich Ihnen zu. In dem anderen Punkt haben Sie mich an einer schwachen Stelle erwischt. Das räume ich ein, weil ich selber immer wieder schwanke: Einigungsstellen einbeziehen oder nicht? Weil wir gleichzeitig auf der anderen Seite ja sagen, alles was außergerichtlich erledigt werden kann, sollte eigentlich raus aus der Justiz. Die Besonderheit, die mich hierzu veranlaßt hat, diesen Vorschlag trotzdem zu machen, ist: Wenn die Justiz faktisch diese Aufgabe wahrnimmt, dann kann ich sie auch gleich zur Kernaufgabe machen und habe dann die Vorteile, die ich vorhin genannt habe, bis hin zur sofortigen Vollstreckbarkeit und sonstigen Dingen.

**Harald Wanhöfer:**

42 Auch wenn es sensibel ist, als Arbeitsrichter zu Einigungsstellen etwas zu sagen: In mehr als 90% der Fälle suchen sich beide Parteien den Einigungsstellenvorsitzenden aus. Die Qualität des Einigungsstellenverfahrens hängt davon ab, daß beide Parteien Vertrauen zum Einigungsstellenvorsitzenden haben. Das können Sie nicht dadurch ersetzten, daß Sie das Einigungsstellenverfahren in die Breite der ganzen Kollegenschaft geben.

**Volker Rieble:**

43 Vielleicht darf ich da aus der Arbeitsrechtsdiskussion noch eins dazu sagen. Natürlich sollen keine Betriebsparteien gezwungen werden, einen staatlich verordneten Einigungsstellenvorsitzenden zu nehmen. So wie wir es beim § 76 Abs. 8 BetrVG haben, müßte es natürlich auch eine einvernehmliche anderweitige Einigungsstelle immer noch geben. Es geht um die Konfliktfälle, in denen ich erst das Bestellungsverfahren des § 98 BetrVG habe, dann sagt der eine Arbeitsrichter, „Gibst du mir eine Einigungsstelle, gebe ich dir eine Einigungsstelle", und dann

macht sie jetzt doch wieder ein Arbeitsrichter – und gar nicht so selten während der Dienstzeit, die es gar nicht gibt. Wenn Sie für diese Fälle einen dem Geschäftsverteilungsplan vorbehaltenen Einigungsstellenvorsitz haben und sagen „Wenn Ihr Euch einig seid, dann macht es selber", dann glaube ich, ist auch die Subsidiarität gewahrt.

# § 3 Möglichkeiten und Grenzen einer Justizreform

Rn.

## A. Referat Edda Huther*

1 Die Herbstkonferenz der Justizminister vom 25.11.2004 hat einen Katalog von Maßnahmen für „nachhaltige Strukturverbesserungen in der Justiz" beschlossen. Mit einem Gesamtkonzept einer „großen Justizreform" soll gewährleistet werden, daß „die Justiz ihre Kernaufgaben zügig und mit hohem Qualitätsanspruch erfüllen kann".

Die angedachten Maßnahmen haben eine heftige Diskussion in Gang gesetzt. Sie stoßen vielfach schon deshalb auf Ablehnung, weil zwar ständiger Anpassungsbedarf eingeräumt wird, aber keine gravierenden, eine epochale Reform erforderlich machenden Mängel gesehen werden. Im Gegenteil: Die Justiz arbeitet gut. Unser berechenbares Justizsystem hat international einen guten Ruf. Internationale Vergleiche sehen in der Rechtspflege in Deutschland im Unterschied zu vielen anderen Bereichen einen Standortvorteil. In einem Ranking des *International Institute for Management Development* aus dem Jahr 2004 belegt Deutschland bei der Rechtssicherheit von Personen und Eigentum einen vierten Platz. Nur Finnland, die Schweiz und Österreich liegen davor. Im Anfang Januar veröffentlichten *„Index of Economic Freedom"* der *Heritage Foundation* wird Deutschland bezüglich Steuern und Finanzen mit 3,5 bewertet bezüglich der *Property Rights* mit einer 1. Eigentum sei geschützt, Verträge seien sicher, das Gerichtssystem sei äußerst zuverlässig.

Sind Mängel, die eine Jahrhundertreform, eine Generalüberholung, verlangen, nicht ersichtlich, so können die vorgesehenen Maßnahmen ihre Rechtfertigung nur finden, wenn sie einen innovativen Ansatz haben, der die einigermaßen sichere Prognose gestattet, daß sie Basis für eine effizientere Arbeit der Justiz sein können. Die ins Auge gefaßten Veränderungen können nur befürwortet werden, wenn sie bei gleicher Qualität eine kostengünstigere Arbeit ermöglichen oder bei Kostenneutralität zu wesentlich besseren Ergebnissen führen.

Unter diesem Aspekt sollen im folgenden die wesentlichen Vorschläge untersucht werden, die sich im Katalog der Justizministerkonferenz finden.

Die Konferenz hat vier Ansatzpunkte einer Reform gesehen:

1. Deregulierung durch

- die Vereinheitlichung von Gerichtsverfassungen und Prozeßordnungen,
- durch eine funktionale Zweigliedrigkeit und
- durch flexibleren Richtereinsatz.

---

* Edda Huther, Präsidentin des Bayerischen Verfassungsgerichtshofs und des Oberlandesgerichts München a.D.

2. Übertragung bisher von den Gerichten wahrgenommener Aufgaben auf andere Stellen.

3. Qualitätssicherungsmaßnahmen.

4. Reformen im Strafrecht, im Recht der Ordnungswidrigkeiten und bei der Verbraucherentschuldung.

   Dieser vierte Punkt soll hier ausgeklammert bleiben.

## I. Deregulierung

1. Besonders umstritten ist hier die angedachte Veränderung in der Gerichts- **2**
verfassung. Die Aufspaltung in eine ordentliche Gerichtsbarkeit, Arbeitsgerichtsbarkeit, Verwaltungs-, Sozial- und Finanzgerichtsbarkeit wird zur Disposition gestellt. Es soll nur noch zwei Gerichtszweige geben, die ordentliche unter Einschluß der Arbeitsgerichtsbarkeit und die öffentlichrechtliche Gerichtsbarkeit. Der Vorschlag hat rechtliche und justizpolitische Dimensionen. Art. 95 GG sieht als oberste Gerichtshöfe des Bundes ausdrücklich BGH, BAG, BVerwG, BSG und BFH vor. Eine Änderung der Gerichtsverfassung des Bundes würde also auf jeden Fall eine Änderung des GG voraussetzen. Bestritten ist, ob Art. 95 Abs. 1 GG auch auf Landesebene getrennte Gerichtszweige zwingend voraussetzt. Ich sehe dafür keinen rechtlichen Ansatz, wenn auch eine Trennung bei den obersten Gerichten und eine Zusammenfassung darunter wenig sinnvoll wäre.

Justizpolitisch hat eine Zusammenfassung in zwei Gerichtsbarkeiten durchaus Vorteile. Die öffentlichrechtlichen Gerichtsbarkeiten einerseits und die ordentliche sowie die Arbeitsgerichtsbarkeit andererseits haben erhebliche Gemeinsamkeiten in ihren Aufgaben. Die öffentlichrechtlichen Gerichtsbarkeiten dienen dem Schutz der Bürger vor dem Staat, die ordentliche und die Arbeitsgerichtsbarkeit der Durchsetzung von Ansprüchen zwischen Privaten, auch wenn das kollektive Arbeitsrecht erhebliche Besonderheiten hat. Die Rechtsmaterien der Arbeitsgerichtsbarkeit berühren sich mit vielen der ordentlichen Gerichte wie dem Dienstvertragsrecht, dem Aktienrecht, dem Urheberrecht und dem Recht der Arbeitnehmererfindung. Soziale Aspekte, die im Arbeitsrecht eine Rolle spielen, haben auch im sonstigen Zivilrecht Tradition und Gewicht, wie etwa Familien- und Verbraucherschutzrecht zeigen. Die Zusammensetzung der Spruchkörper der ordentlichen Gerichte ist schon jetzt nicht einheitlich. Am Amtsgericht wirken ehrenamtliche Richter im Strafrecht und im Landwirtschaftsrecht mit, an den Landgerichten gibt es Einzelrichter und Besetzungen mit drei Berufsrichtern und solche mit einem, zwei oder drei Berufsrichtern und zusätzlich einem oder zwei ehrenamtlichen Richtern im Strafrecht und in den Kammern für Handelssachen. Bei letzteren und im Landwirtschaftsrecht ist wie im Arbeitsrecht die besondere Sachkunde der ehrenamtlichen Richter Grund ihrer Beziehung. Die Zusammensetzung der Spruchkörper der Arbeitsgerichtsbarkeit könnte ohne weiteres beibehalten werden. Auch das kollektive Arbeitsrecht ist nicht ein solcher Fremdkörper, daß er eine ganze gesonderte Gerichtsbarkeit erfordern würde. Spezialisierung für das Arbeitsrecht wäre freilich weiter unverzichtbar. Sie wird in unserem komplexen Recht und angesichts der Spezialisierung der Rechtsanwälte generell immer notwendiger. Sie läßt sich aber in die bereits vorhandene in Strafrecht, Zivilrecht, Freiwillige Gerichtsbarkeit und Familienrecht und in zusätzliche Spezialisierungen im Zivilrecht durchaus einordnen. Auch diese Rechtsgebiete haben jeweils ausgeprägte materielle Besonderheiten und teilweise höchst unterschiedliche Prozeßordnungen, wenn man nur an Zivil- und Strafrecht denkt. Der Zusammenfassung der Arbeitsgerichtsbarkeit mit der ordentliche Gerichtsbarkeit, auf die ich mich hier beschränken will, steht also nichts Grundlegendes entgegen.

Sie hat darüber hinaus Vorteile. Sie flexibilisiert den Richtereinsatz und erleichtert das Reagieren auf Belastungsänderungen. Probleme, die sich gerade in kleinen Einheiten bei Ausfall eines Richters oder von Mitarbeitern stellen, können in größeren Einheiten leichter und schneller bewältigt werden. Das wird durch die weiter zu fordernde Spezialisierung nicht ausgeschlossen. Denn diese muß keine ausschließliche sein und auch nicht ein ganzes Berufsleben für einen einzigen Bereich bestehen.

Die Zusammenfassung kann auch dem immer weiteren – nicht immer aus Sachgründen zwingenden – Auseinanderdriften der Rechtsgebiete und ihrer immer größeren Ausdifferenzierung entgegenwirken. Auch Rechtsprobleme im Grenzbereich der beiden Gerichtsbarkeiten sind bei einer Zusammenfassung leichter zu bewältigen.

Die obligatorische Güteverhandlung, die durch die letzte Justizreform auch in die ZPO aufgenommen wurde, aber in der ordentlichen Gerichtsbarkeit nur schwer Fuß faßt, würde gestärkt und damit das Streben nach gütlicher Einigung. Auch dies würde ich als einen Vorteil sehen.

Die größere Flexibilität mag den einzelnen gelegentlich belasten. Es könnte die dritte Gewalt aber insgesamt stärken, wenn sie geschlossen mit dem zusammengefaßten Gewicht von nur zwei Gerichtsbarkeiten aufträte.

Allerdings können sich diese Vorteile nur dann wirklich positiv auswirken, wenn zugleich Gerichtseinheiten in organisationstechnisch vernünftiger und handhabbarer Größe entstehen. In Zentren mit sehr großen Amts- und Landgerichten würde eine Zusammenlegung mit dem dort ebenfalls großen Arbeitsgericht zu verwaltungsmäßig nicht mehr sinnvollen Großgerichten führen, deren optimale Effizienz zumindest zweifelhaft wäre. Mit einer Zusammenlegung wäre es deshalb nicht getan. Um den angesprochenen Effizienzvorteil zu erhalten, wäre zumindest teilweise eine Änderung der Gerichtsorganisation erforderlich. Das Amtsgericht München hat, um ein Beispiel zu geben, über 200 Richter, das Landgericht München I nach Köpfen um die 170, das Arbeitsgericht München über 30. Eine Zusammenlegung brächte hier nur etwas, wenn etwa zugleich Stadtteilgerichte gebildet würden.

Insgesamt sind mit einer solchen Reform keine Personaleinsparungen zu erzielen, wohl aber durch größere Flexibilität größere Effizienz und eine Steigerung des Gewichts der dritten Gewalt.

2. Wesentlich weniger spektakulär ist die vorgesehene **Vereinheitlichung der Prozeßordnungen**. Sie ist ein großes aber nur in mühsamer Kleinarbeit und sicher nicht schnell zu erreichendes Ziel. In vielen Einzelpunkten wird sich eine Vereinheitlichung aus Sachgesichtspunkten verbieten, in vielen anderen sind die Differenzierungen zwar nicht unvermeidlich, aber in Jahrzehnten gewachsen und lassen sich nur schwer, gegen viele Widerstände und wahrscheinlich auch nur langsam zurückschrauben. Ungeachtet all dieser Schwierigkeiten sollte die Vereinheitlichung energisch in die Hand genommen werden. Sie könnte sich positiv auf das Ansehen der Rechtspflege auswirken; denn diese wird als ein völlig undurchdringlicher Dschungel wahrgenommen, um aus einer Werbeschrift für Rechtsschutzversicherungen zu zitieren. Auch wenn weiterhin viele Sondervorschriften benötigt würden, wäre eine Vereinheitlichung der Prozeßordnungen ein erster, zugegebenermaßen kleiner Schritt zu mehr Transparenz der Rechtsordnung. **3**

3. In den Zusammenhang größerer Flexibilität gehört auch das ins Gespräch gebrachte **„große Präsidium"**, das in der ordentlichen Gerichtsbarkeit am Landgericht für dieses und für alle Amtsgerichte des Bezirks gewählt würde. **4**

Im Interesse der rechtsuchenden Bevölkerung muß die kontinuierliche Arbeit in einem Richterreferat auch bei einem durch längere Krankheit bedingten Ausfall oder dann sichergestellt sein, wenn Wiederbesetzungssperren eingreifen, die etwa in Bayern zurzeit im Regelfall sechs Monate betragen. Innerhalb eines großen Gerichts kann das durch eine Umverteilung der richterlichen Geschäfte bewirkt werden. In kleineren Gerichtseinheiten müssen Richter aus anderen Gerichten einspringen. Das geschieht bisher durch freiwillige Abordnung. Von der zwangsweisen Abordnung, die gemäß § 37 DRiG auf höchstens drei Monate möglich ist, wird praktisch nicht Gebrauch gemacht. Da die Abordnungsbereitschaft meist nur für einen kurzen Zeitraum um die drei Monate besteht, sind im Sinne der Rechtsuchenden optimale Lösungen oft nicht zu erreichen. Denn mehrere aneinander gereihte kurze Abordnungen ermöglichen keine sachgerechte Erledigung der richterlichen Arbeit und damit keine effiziente Arbeit im Referat.

Das Modell des „großen Präsidiums" scheint mir eine erwägenswerte Lösung. Bedenken aus dem Gesichtspunkt der richterlichen Unabhängigkeit, die dagegen ins Feld geführt werden, teile ich nicht.

Art. 97 Abs. 2 GG garantiert die persönliche Unabhängigkeit zur Sicherung der sachlichen. Richter können demnach gegen ihren Willen nur unter besonderen Voraussetzungen an eine andere „Stelle" versetzt werden. Bei einer Zuordnung des Richters zu einem Landgerichtsbezirk ist der Bezirk die „Stelle". Innerhalb des Bezirks würde das Präsidium als richterliches Selbstverwaltungsorgan wie jetzt innerhalb des Gerichts die Geschäftsaufgabe des Richters bestimmen. Das gefährdet die sachliche Unabhängigkeit nicht mehr, als dies heute theoretisch schon der Fall ist. Denn auch die Zuweisung eines anderen Referats innerhalb eines Gerichts könnte eine Disziplinierung eines ungenehmen Richters sein. In einem Fall, in dem einem Richter praktisch die gesamte Spruchrichtertätigkeit genommen worden war, hat das BVerfG diese Maßnahme eines Präsidiums aufgehoben (BVerfGE 17, 252/259). Entsprechendes gälte bei einer unsachlichen, willkürlichen örtlichen Zuweisung durch das „große Präsidium".

Das „große Präsidium" löst das Spannungsverhältnis zwischen persönlicher Lebensplanung des Richters und den Interessen einer optimalen Justizgewährung mit vertretbaren Einschränkungen für den Richter. Mit den dem Präsidium gegebenen Gestaltungsmöglichkeiten stärkt es daneben die richterliche Selbstverwaltung, überbürdet ihr freilich auch größere Verantwortung.

Jede Erweiterung der Versetzungsmöglichkeiten durch die Justizverwaltung ist dagegen ein unzulässiger Eingriff in die richterliche Unabhängigkeit. Eine landesgesetzliche Zuordnung von Richterstellen, die ebenfalls in die Überlegungen aufgenommen ist, ginge über eine sinnvolle Flexibilisierung weit hinaus. Die die nächste Justizministerkonferenz am 29./30. Juni 2005 vorbereitenden Staatssekretäre haben bei ihrem letzten Treffen eine Erweiterung der Möglichkeiten zur Übertragung eines **weiteren Richteramtes** befürwortet. Durch die Streichung des Erfordernisses spezialgesetzlicher Regelung in § 27 Abs. 2 DRiG soll die generelle und gerichtsbarkeitsübergreifende Übertragung eines weiteren Richteramtes möglich werden. Das ist weit einschneidender als das „große Präsidium". Sobald das zweite Richteramt ein gewisses Gewicht hat, ist es nichts anderes als eine Umgehung des Verbotes der Versetzung und verfassungsrechtlich unzulässig. Abgesehen davon machen zwei Richterämter die Arbeit nicht effizienter sondern erschweren sie.

Auch die Bildung größerer Gerichtseinheiten könnte Vertretungsprobleme entschärfen. In Bayern gibt es in der ordentlichen Gerichtsbarkeit kein Gericht mit weniger als fünf Richterstellen. Eine weitere Verdichtung wäre in einem Flächenstaat im Hinblick auf Bürgernähe und Bürgerfreundlichkeit mehr als problematisch.

**5** 4. Unter dem Gesichtspunkt der Deregulierung richtet sich der Blick der Justizministerkonferenz auf eine generelle **funktionale Zweigliedrigkeit** in allen Gerichtsbarkeiten. Grundsätzlich soll der Tatsacheninstanz nur eine Rechtsmittelinstanz folgen. Die Rechtseinheitlichkeit soll durch ein Vorlageverfahren gewährleistet werden. Das würde Rechtsmittel weit über die bisherige Rechtslage hinaus einschränken. Eine funktionale Zweigliedrigkeit gibt es bisher weder im Zivilrecht noch im Arbeitsrecht. Für beide Bereiche ist ein dreistufiger Instanzenzug aber unabdingbar, soll eine funktionierende Gerichtsbarkeit erhalten werden, die den bisherigen Qualitätsansprüchen genügt. Gegenüber Entscheidungen der Eingangsinstanz muß eine Möglichkeit zur einzelfallbezogenen Fehlerkontrolle auch bezüglich der Tatsachengrundlage gegeben sein. Es bedarf weiter einer obersten Instanz zur bundesweiten Rechtsvereinheitlichung und Rechtsfortbildung. Bei einem bloßen Vorlageverfahren würde die Rechtsentwicklung von der Vorlagebereitschaft der

Berufungsgerichte abhängig. Vor allem aber wären die obersten Gerichte nur noch mit einzelnen Rechtsfragen befaßt und verlören den Bezug zur Rechtswirklichkeit in ihrer Gesamtheit. Das würde angesichts der ungemeinen Komplexität unseres Rechts eine vernünftige Rechtsentwicklung und damit die Qualität unseres Rechtssystems aufs Spiel setzen. Die Justizstaatssekretäre haben nun eine davon abweichende Richtung eingeschlagen und befürworten ein Zulassungsrechtsmittel der Berufung (gedacht ist an die Übernahme der Berufungszulassungsgründe der VwGO), empfehlen aber abweichend von den Beschlüssen der Justizministerkonferenz, das Parteirechtsmittel der Revision und Rechtsbeschwerde, allerdings in der Ausgestaltung als Zulassungsrechtsmittel. Die Rechtsmittel im Arbeitsrecht sollen an die der ZPO angeglichen werden.

Bei jeder Einschränkung der Rechtsmittel gegen die Entscheidungen der ersten Instanz steigt die Zusatzbelastung der ersten Instanz erheblich. Das haben schon die wenigen Jahre nach der letzten Justizreform 2001 deutlich gezeigt. Das Novenverbot des § 532 ZPO hat die erste Instanz durch wesentlich umfangreicheren Sachvortrag aufgebläht. Das würde sich bei einer weiteren Einschränkung der Berufung nochmals steigern, ganz besonders dann, wenn die Tatsachenüberprüfung in der Berufungsinstanz beschränkt würde. Die strenge Rechtsprechung des BGH zur Anwaltshaftung würde diese Tendenz zusätzlich verstärken. Diese Zusatzbelastung in der Masse der Verfahren erster Instanz kann durch eine Entlastung der zweiten Instanz nicht ausgeglichen werden. Würde auch noch die zweite Instanz als Tatsacheninstanz aufgehoben, hätte der Vorschlag der Justizstaatssekretäre zwei Rechtsüberprüfungsinstanzen zur Folge, ein in sich unstimmiges Ergebnis. Die Gefahr ist groß, daß die Zweigliedrigkeit genau das Gegenteil von der erstrebten Effizienzsteigerung bewirkt, die erste Instanz lähmt und in der zweiten Instanz eine für den Bürger unbefriedigende noch weitere Verlagerung auf die formalen Fragen der Zulassung bringt.

Dazu kommt, daß Einigkeit bestand, die letzte Justizreform wissenschaftlich zu evaluieren. Diese Evaluierung ist noch nicht abgeschlossen. Ohne die Erfahrungen mit den letzten Verfahrensänderungen abzuwarten, die nächste und noch dazu radikale Reform zu starten, ist in höchstem Masse fahrlässig. Der wohl kaum erreichbare Weg zurück zu den Regeln vor der letzten 2002 in Kraft getretenen Justizreform schiene mir für Bürger und Justiz im Hinblick auf Schnelligkeit und Qualität der beste.

## II. Übertragung bisher von den Gerichten wahrgenommener Aufgaben auf andere Stellen

Ein weiterer Reformschritt soll der Übertragung von den Gerichten wahr- **6**
genommenen Aufgaben auf andere Stellen gelten. Notare werden als Träger eines öffentlichen Amtes als geeignet zur Übernahme von Aufgaben in der freiwilligen Gerichtsbarkeit angesehen. Es wird die Privatisierung des Gerichtsvollzieherwesens und eine stärkere Einbindung der Industrie- und Handelskammern in das Register-

recht erwogen. Schließlich soll die Förderung der konsensualen Streitbeilegung die Justiz entlasten.

Zugrunde liegt diesen Reformansätzen ersichtlich das Bestreben, die Staatsquote angesichts leerer Kassen und der demographischen Entwicklung zu senken. Das Ziel ist im volkswirtschaftlichen Gesamtinteresse nicht zu beanstanden. Doch muß auch hier geprüft werden, ob die Auslagerung die Qualität der Aufgabenerledigung wesentlich beeinträchtigen würde, ob die Kosten für den Bürger noch vertretbar sind und ob durch die Auslagerung wirklich Ersparnisse für den Staatshaushalt zu erzielen sind.

**7** 1. In Rechtskraft erwachsende Entscheidungen, die Rechts- und Statusverhältnisse gestalten, müssen in jedem Fall der staatlichen Justiz vorbehalten bleiben, will der Staat sich nicht aus seinem ureigensten Bereich zurückziehen. Sie entsprechen in ihrem Charakter den Streitentscheidungen, auch wenn sie Bereiche der freiwilligen Gerichtsbarkeit betreffen. Hierher gehören auch Grundbuch- und Registerverfahren, weshalb eine Übertragung des Handelsregisters auf Stellen außerhalb der Justiz abzulehnen ist.

**8** 2. In Nachlaßsachen sind keine Status begründenden Entscheidungen zu treffen. Auch fachlich spricht nichts dagegen, sie den Notaren zu überlassen. Bedenken könnten allenfalls bezüglich eines Interessenwiderstreits des eine letztwillige Verfügung beurkundenden Notars bei Ausstellung eines Erbscheins bestehen. Da das öffentliche Testament bereits heute Erbschein ersetzende Funktion hat, ist die Bedeutung dieser Frage nicht sehr groß und die Belastung der Justiz mit Rechtsmitteln gegen Entscheidungen des im Interessenwiderstreit vermuteten Notars würden sich in Grenzen halten. Eine Frage, bei der die Antworten auseinander gehen, ist allerdings, ob die Justiz in Nachlaßsachen auch unter Berücksichtigung der Pensionslasten kostendeckend arbeitet. Ist dies der Fall, so besteht keinerlei Anlaß zur Aufgabenübertragung auf die Notare.

**9** 3. Erhebliche Bedenken bestehen gegen eine Privatisierung des Gerichtsvollzieherbereichs. Schon verfassungsrechtlich scheitert eine Übertragung auf Private an Art. 33 Abs. 4 GG. Verfassungsrechtliche Bedenken bestehen aber auch dagegen, diesen der engsten Eingriffsverwaltung zugehörigen Bereich, in dem gravierender Grundrechtseingriffe anfallen, beliehenen Privaten zu überlassen. Zweifelhaft ist auch, ob bei der schon jetzt für erforderlich gehaltenen Verdopplung bis Verdreifachung der Gebühren zuzüglich Mehrwertsteuer der Justizgewährungspflicht, die auch das Vollstreckungsverfahren umfaßt, noch Rechnung getragen ist. Zwar soll eine erhebliche Effizienzsteigerung durch die private Konkurrenzsituation die erhöhten Kosten rechtfertigen. Diese Annahme ist aber durch nichts verifiziert. Daß die Mobiliarvollstreckung heute meist mit einem Pfandabstand, also erfolglos endet, liegt nicht an den Gerichtsvollziehern. Wo aber – und sei es wegen strenger Schuldnerschutzvorschriften – nichts zu holen ist, wird der private Gerichtsvollzieher erst recht keine Anstrengungen unternehmen, es sei denn er greift zu rechtsstaatlich nicht tragbaren Methoden. An solche werden möglicherweise auch Gläubiger von sich aus denken, wenn der offizielle Gerichtsvollzieher zu teuer geworden ist. Das Ansteigen der Kosten für Prozeßkostenhilfe angesichts der gravierenden Kostensteigerungen für die Vollstreckung würde die Ersparnis zu einem nicht unerheblichen Teil wieder zunichte machen.

Das Beispiel Frankreich, das einem privaten *Huissier* die Vollstreckung und zwar auch die Immobiliarvollstreckung (neben einer Reihe anderer Aufgaben, wie der Beweissicherung) übertragen hat, läßt sich nicht fruchtbar machen. *Huissiers* sind Volljuristen mit einer unserem Notar ähnlichen Stellung mit einer strengen Kammerselbstverwaltung. Das ist mit der hiesigen Gerichtsvollzieherstruktur, die beibehalten werden soll, nicht zu vergleichen. Der Rechtsschutz gegen Maßnahmen privatisierter Gerichtsvollzieher und die Aufsicht über sie würde erhebliche Probleme machen.

Es müßte vielmehr, um Mißstände zu beseitigen und eine höhere Effektivität als bisher zu erreichen, eher in die entgegengesetzte Richtung gedacht werden. Das Gerichtsvollzieherwesen sollte nicht aus der Justiz aus- sondern wieder vollständig in die Justiz eingegliedert werden, indem die Vollstreckungsabteilungen der Amtsgerichte zu Inkassoabteilungen mit umfassenden Befugnissen umgestaltet werden, in denen Mobiliar-, Immobiliar- und Forderungsvollstreckung gleichzeitig betrieben werden. Auch könnte der Bereich des Zustellwesens, der einen erheblichen Teil der Arbeit der Gerichtsvollzieher ausmacht, der Rechtsanwaltschaft übertragen werden.

4. Die Justiz soll durch **Förderung der konsensualen, vornehmlich der** **10**
**außergerichtlichen Streitbeilegung** entlastet werden. Die bisherigen Versuche in diese Richtung sind allerdings alle gescheitert. Die obligatorische vorgerichtliche Schlichtung, die etwa in Bayern auf Grund der Öffnungsklausel in § 15a EGZPO für vermögensrechtliche Streitigkeiten vor den Amtsgerichten mit einem Streitwert bis 750 €, für nachbarrechtliche Streitigkeiten und für Auseinandersetzungen über die persönliche Ehre eingeführt wurde, ist weitestgehend durch das Mahnverfahren umgangen worden.

Außergerichtliche Streitbeilegung scheitert bisher daran, daß viele Rechtsuchende nicht über sie informiert sind, daß der Zugang zu entsprechenden Einrichtungen Eigeninitiative verlangt, daß die Abstimmung mit dem Gegner Schwierigkeiten bereitet, ein Kostenrisiko besteht, das möglicherweise überschätzt wird und nicht zuletzt wegen der fehlenden Transparenz und Qualitätssicherung außergerichtlicher Streitschlichtungsstellen und Mediatoren. Dem gegenüber ist das Vertrauen in Kompetenz und Unabhängigkeit der staatlichen Gerichte groß. Die Verhältnisse sind in Deutschland anders als in den USA, wo die außergerichtliche Schlichtung ein sehr breites Feld einnimmt und insbesondere die Mediation entwickelt wurde. Die Ergebnisse gerichtlicher Verfahren sind in Deutschland um ein Vielfaches berechenbarer als im Schöffensystem der USA und die Kosten sind weit niedriger.

Auch von der Möglichkeit, den Parteien innerhalb des gerichtlichen Verfahrens die außergerichtliche Schlichtung zu empfehlen, die § 278 Abs. 5 S. 2 ZPO ausdrücklich vorsieht, wurde kaum Gebrauch gemacht. Die Gerichte zu drängen, von sich aus in bereits anhängigen Verfahren außergerichtliche Streitbeilegung zu empfehlen, ist m.E. nur für Ausnahmefälle erfolgversprechend. Mit dem Selbstverständnis eines Richters ist es nur schlecht zu vereinbaren, Verfahren, die zu Gericht gelangt sind, wieder weg zu verweisen und gleichsam das erwartete Recht zu verweigern.

Im Vorfeld gerichtlicher Verfahren wird sich außergerichtliche Streitbeilegung, die die Justiz durchaus entlasten könnte, nur durchsetzen, wenn sie im Wettbewerb mit den Gerichten überzeugt. Das zu erreichen ist in erster Linie Sache der entsprechenden Institutionen und nicht des Staates. Dieser kann nur die Voraussetzungen regeln, die eine bestimmte Kompetenz sichern, und Kostenanreize für die außergerichtliche Schlichtung geben. Auch weitere Schiedsstellen etwa der KfZ-Versicherungswirtschaft könnten förderlich sein. Auf eine schnelle Veränderung der Streitkultur generell wird man aber nicht setzen können.

Es gibt unbestreitbar auch Verfahren, für die die Mittel unseres auf geltend gemachte Ansprüche ausgerichteten ZPO-Verfahrens von vorneherein nicht optimal sind, in denen der Streit durch eine gerichtliche Entscheidung sich nur verhärtet. Gerade wo persönliche Beziehungen eine Rolle spielen, vom Erbrecht bis zum Gesellschaftsrecht und in allen lang dauernden Vertragsbeziehungen kann Mediation eine sinnvolle Alternative zur Streitentscheidung und zum herkömmlichen Vergleichsgespräch sein. In der Mediation hat der Mediator keine Streitentscheidungsbefugnis, er moderiert gleichsam die Lösungssuche der Parteien selbst. Dabei geht die Mediation von den Interessen der Parteien aus, stellt nicht in erster Linie auf den geltend gemachten Anspruch ab. Finden die Parteien selbst eine Lösung, ist die Zufriedenheit höher als mit einer Streitentscheidung.

Einen Anschubeffekt für die außergerichtliche Streitbeilegung generell, insbesondere aber in den genannten Konstellationen könnte die gerichtsinterne Mediation haben. In ihr versucht ein nicht mit der Streitentscheidung befaßter Richter die Parteien mit den Instrumenten der Mediation, also ausgehend von der Interessenlage, zu einer Lösung zu führen. Erweist sich gerichtsinterne Mediation als Erfolg, wird sie auch entsprechende außergerichtliche Konfliktlösungsmöglichkeiten befördern. In Niedersachsen gibt es schon ermutigende Versuche, in Bayern läuft seit Anfang 2005 ein Modellprojekt an sechs Landgerichten.

Schon nach wenigen Monaten zeigt sich, daß gerichtsinterne Mediation gerade langwierige und komplexe Verfahren abkürzen kann. Die Erledigungszeiten in der ordentlichen Justiz sind im Schnitt gut. Ein Zivilverfahren vor bayerischen Amtsgerichten dauert im Schnitt 3,7 Monate, eines am Landgericht 6,4 Monate. In diese Zeiten fließen aber auch die Verfahren ein, die sich jahrelang hinziehen. Sie werden der Justiz immer entgegengehalten. Auf sie sollte sich das Augenmerk bei Optimierungsversuchen besonders richten. Die gerichtsinterne Mediation kann ein Mittel sein, zwar zahlenmäßig nicht viele aber besonders langwierige Verfahren schneller und trotzdem für die Parteien befriedigend zu lösen. Eine gesetzliche Regelung, die sie auf ein sicheres Fundament stellt, wäre zu begrüßen.

Teilweise wird eine zwangsweise außergerichtliche Schlichtung in neuer Form gefordert. Sie dürfe nicht mehr streitwertabhängig sein sondern müsse auf die Art der Verfahren abstellen und insbesondere Verfahren mit personenbezogenem Hintergrund umfassen. Abgesehen davon, daß solche kaum in einer Norm abgrenzbar sind, hat die bisherige Regelung gezeigt, daß auch obligatorische Schlichtung Akzeptanz braucht. Auch eine so veränderte Schlichtung wird jedenfalls derzeit noch an der mangelnden Bereitschaft scheitern, sich auf ein solches Verfahren wirklich einzulassen.

## III. Qualitätssicherungsmaßnahmen

Aus dem Punkt **Qualitätssicherung** greife ich drei Aspekte heraus, die Stärkung der Personal- und Führungsverantwortung der Richter, die Fortbildung und das Qualitätsmanagement.

1. Wenn es heißt, daß **Personal- und Führungsverantwortung** dort **11**
wahrgenommen werden müsse, wo im Arbeitsalltag tatsächlich zusammengearbeitet werde, so ist das nichts grundsätzlich Neues. Die Zusammenarbeit mit und in der Serviceeinheit hat sich in den letzten Jahren bereits erheblich verbessert. Daran weiterzuarbeiten ist in Zeiten knappen Personals unverzichtbar. Ohne Einbeziehung der Serviceeinheit in ein Team vergeuden wir Ressourcen. Dazu braucht es keine Übernahme von Vorgesetztenfunktionen durch Richter, die sich ohnehin bei der Zusammenarbeit einer Serviceeinheit mit mehreren Richtern oder Spruchkörpern nicht verwirklichen läßt.

Das institutionalisierte Mitarbeitergespräch, das gefordert wird, ist vielfach schon eingeführt. Man sollte darauf als Führungsinstrument nicht verzichten, es in seiner Wirksamkeit aber auch nicht überbewerten.

2. Die **Richterfortbildung** verdient besonderes Augenmerk. Sie muß intensi- **12**
viert werden. Insbesondere muß die dezentrale, ortsnahe Fortbildung gestärkt werden, für die ein großes Bedürfnis besteht. Sie muß bei jedem Referatswechsel eine schnelle Einarbeitung in ein neues Rechtsgebiet ermöglichen und sie muß sich auf Verhandlungsführung und Verhandlungsmanagement erstrecken. Fortbildung kann sich nicht mehr auf das Studium von Fachzeitschriften beschränken. Der Erfahrungsaustausch wird für optimale Arbeit immer wichtiger. Das gilt auch für den Erfahrungstransfer auf Berufsanfänger. Ob sie eingearbeitet werden, wie sie eingearbeitet werden, hängt heute vielfach vom Zufall ab. Hier läge in einer vernünftigen Institutionalisierung der Einarbeitung, etwa in einem Tutorensystem, ein erhebliches Potential zur weiteren Verbesserung richterlicher Arbeit aber auch zur Hilfe für die unter besonders hohem Arbeitsdruck stehenden Berufsanfänger.

Auch für Richter halte ich eine gesetzliche Fortbildungspflicht für sinnvoll. Das beeinträchtigt die richterliche Unabhängigkeit nicht und bedeutet auch kein Mißtrauen. Eine Fortbildungspflicht würde dem Ansehen der Richter nicht schaden sondern es im Gegenteil stärken und den Staat zur Bereitstellung erforderlicher

Mittel zwingen. Auch in anderen Rechtspflegeberufen ist die Pflicht zur Fortbildung inzwischen selbstverständlich.

13 3. Die Justizminister haben sich weiter für ein einheitliches **Qualitätsmanagement** durch ein strukturiertes Benchmarkingverfahren ausgesprochen. Soweit es dabei um die Erhebung „weicher" Faktoren geht, unter denen technische und räumliche Ausstattung, Nähe zur Eingangstür etc. genannt werden, scheitern Verbesserungen an den Gerichten vielfach an objektiven Umständen. Ich sehe deshalb in einer solchen Erhebung die Gefahr einer zusätzlichen Bürokratisierung ohne durchschlagenden Effekt und gebe einer Sensibilisierung der jeweiligen Gerichte für konkrete Verbesserungen und dem Drängen auf solche im Rahmen der Geschäftsprüfungen den Vorzug.

Soweit es um die Aufnahme von Kennzahlen in ein Benchmarking Verfahren geht, wie sie bereits in Geschäftsstatistiken oder Personalübersichten erhoben werden, bestehen insbesondere in der Richterschaft große Vorbehalte. Die Qualität der Entscheidungen, die nicht gemessen werden kann, trete dabei in den Hintergrund. Es werden Eingriffe in die richterliche Unabhängigkeit befürchtet.

Dem ist entgegenzuhalten, daß solche Kennzahlen bereits jetzt ermittelt werden und deshalb nichts Neues bringen, umgekehrt aber auch die Anzahl der erledigten Verfahren und die Verfahrensdauer für den Bürger als Kunden Qualitätsmerkmale sind. Wegen der richterlichen Unabhängigkeit sollen Kennzahlen für ein Benchmarking allerdings nicht auf den einzelnen Richter oder den einzelnen Spruchkörper herunter gebrochen werden.

Eine Rangstelle im Benchmarking sagt aber noch gar nichts über die Ursachen aus. Es scheint mir deshalb zu schnell und zu weit gesprungen, wenn „landesinterne Vergleichsringe nach identischen Vorgaben eingerichtet werden sollen, die nach einheitlichen Kriterien Kennzahlen erheben und möglichst nach einheitlicher Methodik Veränderungsprozesse einleiten" sollen. Die Zusammenarbeit verschiedener Gerichte, in der sie ihre Arbeit im Sinn einer gemeinsamen Entwicklung optimaler Verfahrensweisen vergleichen, wäre begrüßenswert und notwendig. Sie könnte manche Ablaufverbesserung bringen. Es gibt sie bis heute allenfalls in Ausnahmefällen. Erst wenn eine solche Zusammenarbeit erprobt, angenommen und selbstverständlich ist und man zu den zu ermittelnden Kriterien Erfahrungen gewonnen hat, kann man über eine Vereinheitlichung diskutieren. Selbstverständlich muß der einzelne Richter die eigene Arbeitsweise innerhalb des gesetzlichen Rahmens weiter selbst bestimmen.

14 Nach dieser *tour d`horizon* soll ein Punkt hervorgehoben werden, der in der aktuellen Diskussion der Länderjustizminister keinerlei Rolle spielt. Seit Jahren jagt eine Justizreform die andere, ohne daß sich am kontinuierlichen Ansteigen der Verfahrenszahlen etwas ändern würde. Ursache ist nicht die überbordende Streitlust der Deutschen sondern sind sich geradezu überschlagende Veränderungen des materiellen Rechts. Es wird geändert, bevor es in Kraft getreten ist, es tritt in Kraft,

ohne daß die Richter bereits Zugang zum Gesetzestext hätten, es schafft neue rechtliche Streitfragen und Unsicherheiten und es überbürdet der Justiz neue Aufgaben. Der Gesetzgeber auf nationaler Ebene wie im Europarecht muß sich endlich bewußt werden, daß die ständige Übertragung neuer Aufgaben auf die Justiz, vom Betreuungsrecht über die Erweiterungen des Verbraucherschutzes bis zum aktuellen Beispiel des Antidiskriminierungsgesetzes nicht durch verfahrensrechtliche Einschränkungen kompensiert werden kann. Einerseits sollen Bereiche der freiwilligen Gerichtsbarkeit als nicht zum Kernbereich richterlicher Arbeit gehörig herausgenommen werden, die wie das Registerrecht hervorragend funktionieren und Rechtssicherheit geben; andererseits werden besonders arbeitsintensive Bereiche der freiwilligen Gerichtsbarkeit erst geschaffen, wie das neue Insolvenzrecht oder das Betreuungsrecht. Wenn der Gesetzgeber derartige Zusatzaufgaben für notwendig hält, muß er sich klar sein, daß ihre Erfüllung auch etwas kostet, Zeit und Personal.

## B. Diskussion

**Dr. Fritz-Eckehard Kempter, Rechtsanwaltskammer für den Oberlandesgerichtsbezirk München:**

**15** Frau Präsidentin, Sie kennen mich seit vielen, vielen Jahren, und ich möchte doch einer These von Ihnen – ich konnte ja im ersten Teil dieser Tagung nicht teilnehmen, weil ich einen Ausschuß leiten mußte –, die Sie hier formuliert haben, ein klein wenig entgegentreten. Sie kennen aus vielen Diskussionen mit mir meine schlagwortartigen Sätze, wonach ich sage, „Gute Anwälte schreiben gute Schriftsätze, gute Schriftsätze führen zu guten Urteilen der Richter". Und das ist das Allerbeste, womit wir der dritten Gewalt helfen und diese stärken können. Wenn wir jetzt hier von einer Zusammenfassung der Gerichtsbarkeit sprechen und darüber diskutieren, dann scheint mir das etwas kontraproduktiv. Insofern, als wir auf vielen anderen Gebieten eine geradezu gegenteilige Entwicklung haben. Wir haben in der Anwaltschaft ein Ausufern der Fachanwaltschaften. Der Damm ist gebrochen, und das führt zu einem Ergebnis, das wir auf vielen Gebieten feststellen, nämlich demjenigen der Spezialisierung. Diese Spezialisierung haben wir in den Gerichtsbarkeiten, indem wir eben ordentliche Gerichtsbarkeit, Verwaltungsgerichtsbarkeit, Sozialgerichtsbarkeit und insbesondere die Arbeitsgerichtsbarkeit haben.

Nun kann man sagen, das sind alte Hüte und alte Zöpfe, die man abschneiden muß. Das haben wir in den 68ern selber gesagt, aber man sollte auch ein bißchen darüber nachdenken. Ob es nicht Erfahrungen, taktische Ergebnisse gibt, die es doch wert sind, über diesen Schritt näher nachzudenken. Sie haben mit den Arbeitsgerichtsbarkeiten ja nicht nur das, was sie mit den Familiengerichten und der freiwilligen Gerichtsbarkeit haben. Ich bin auch auf beiden Gebieten tätig und glaube deshalb etwas davon zu verstehen. Sie haben mit der Arbeitsgerichtsbarkeit nicht nur formal sondern auch materiell ein wesentlich anderes Recht. Sie haben es mit angesprochen, das kollektive Arbeitsrecht ist zwar ein Teil des Arbeitsrechts, aber ein ganz spezieller. So etwas gibt es nicht im Familienrecht, so etwas gibt es auch nicht im Mietrecht. Natürlich haben wir Baukammern und Bausenate in der ersten und zweiten Instanz der ordentlichen Gerichtsbarkeit. Sie mögen sagen, daß das auch Spezialisierungen sind — aber zu dem Austausch, den Sie damit erreichen wollen, nämlich der größeren Flexibilität der Gerichtsbarkeiten. In München sind es 300 Richter in der ordentlichen Gerichtsbarkeit. Am Arbeitsgericht München sind es 30, daß sind 10% - in München, einem der größten Gerichtsstandorte in der Bundesrepublik. Bundesweit werden wir also eine etwas kleinere Effizienz haben. Die formmaterielle Ausbildung verlangt einen ungeheueren Lernwillen von der Richterschaft. Und Sie haben es gerade selber schon angesprochen. Wir haben, wie wir beide wissen - darf ich jetzt mal so frech sagen - große Probleme, den Richtern die Fortbildungspflicht überhaupt nahe zu bringen, wie wir es bei der Anwaltschaft auch haben. Ich will das gar nicht verheimlichen. Ich glaube, daß es da Hürden und tatsächliche Hindernisse gibt, die man hier jetzt gar nicht angesprochen hat und vielleicht auch bewußt nicht ansprechen will. Weshalb ich mich gerne wiederum Ihrer These anschließe, daß das ein Gedanke ist, den man sicherlich nicht aus dem

Auge verlieren soll, aber den man nicht im Sinne der allgemeinen Erneuerung, die Sie ja gerade auch hinsichtlich anderer Gesetzesvorhaben angesprochen haben, jetzt bevorzugt beschleunigen und durchsetzen sollte. Dankeschön.

**Edda Huther, Bayerischer Verfassungsgerichtshof und Oberlandesgericht München:**

Ich möchte nicht in Abrede stellen, daß man die Gewichte der Verschiedenheiten und **16**
der Ähnlichkeiten verschieden sehen kann. Wenn Sie sagen, Familienrecht ist immer noch näher am Zivilrecht als Arbeitsrecht, habe ich meine Zweifel. Sie haben sie nicht. Das wird immer eine Frage der Einschätzung sein. Kartellrecht ist etwas, was mit den anderen Fragen reichlich wenig zu tun hat. Auch da müssen sich Kollegen neu einarbeiten. Ich meine, daß wir uns selber unterschätzen, wenn wir meinen, daß wir das nicht könnten. Ob das ein Punkt ist, der jetzt im Rahmen dieser Veränderungen in Angriff genommen werden muß, ist eine andere Frage, und deswegen habe ich ja von vornherein gesagt, daß ich nicht beurteilen möchte, welche von den Punkten jetzt primär in Angriff zu nehmen sind. Aber ich glaube, daß insbesondere hier in Bayern die Verhältnisse ziemlich festgeklopft sind.

# § 4 Strukturvergleich und Entwicklungschancen aus Sicht des Revisionsrichters

Rn.

## A. Referat Axel Breinlinger*

Meine Damen und Herren[1],

1 ich fange mit etwas an, womit Sie vielleicht jetzt gar nicht rechnen: Ich denke zu Anfang daran, daß wir in wenigen Tagen an den 60. Jahrestag des Waffenstillstandes am Ende des Zweiten Weltkriegs erinnern, der durch die bedingungslose Kapitulation der Wehrmacht am 7. Mai in Reims und am 9. Mai in Berlin-Karlshorst möglich wurde. Sie merken, daß ich ganz vorsichtig davon spreche, daß wir an diesen Tag erinnern. Ich habe vollen Respekt davor, daß viele, die diesen Tag persönlich miterlebt haben, dies nicht nur mit positiven Gefühlen begleitet, sondern eine Niederlage empfunden haben. Aber halten wir genauso fest, daß Bundespräsident *von Weizsäcker* vor 20 Jahren gesagt hat: „Das war auch ein Moment der Befreiung."

Warum fange ich damit an? Vor mir am Pult und neben mir an der Tafel steht, daß wir im Zentrum für Arbeitsbeziehungen und Arbeitsrecht diskutieren. Und ich meine, wenn wir über das Thema Fortbestand der Arbeitsgerichtsbarkeit diskutieren, dann müssen wir uns über die Arbeitsbeziehungen in diesem Land klar werden und dann kommen wir auch um den 8. Mai 1945 und seinem Element der Befreiung nicht herum. Ich muß vorweg sagen, die Frage „Wo waren sie am 8. Mai 1945?" müßte ich mit Nichtwissen bestreiten, da ich erst sechs Jahre nach Kriegsende geboren wurde. Ich bin aber herzlich froh, daß ich in einer freiheitlich demokratischen und im übrigen zu leichtem Übergewicht führenden Wirtschaftswundergesellschaft aufwachsen durfte. Zu diesem Stichwort „Wirtschaftswunder" möchte ich sie im ersten Schritt hinleiten. Wir haben ab dem 8. Mai 1945 durch den enormen Nachholbedarf und den Zwang, schlicht das Überleben zu sichern, zum ersten Mal in Deutschland eine Situation, in der das gesellschaftliche Subsystem „Wirtschaft" die erste Priorität erlangt. Erinnern Sie sich? Bei früheren „Reichen", die nur kurze Zeit dauerten, war das anders. Im imperialen Kaiserreich stand die Wirtschaft nicht an erster Stelle, sondern sie war Mittel zum Zweck. An der Spitze der Gesellschaft stand das Militär. In dem späteren sogenannten „Dritten Reich" war es noch schlimmer, weil dort das Subsystem „Politik" sich totalitär an die erste Stelle stellte. Was die Politik mit der Wirtschaft veranstaltet hat, wissen Sie selbst: Der Karren wurde gründlich an die Wand gefahren.

2 Jetzt, 1945, hatte der „Totale Krieg" in einer totalen Niederlage geendet und Deutschland mußte irgendwie überleben. Damals hat man sich dazu entschlossen, die Wirtschaft in ihrer Bedeutung ganz nach vorne zu stellen. Das Strukturprinzip, dem man zum Durchbruch verholfen hat, war nach einem Wort des Kölner Ökonomen Müller-Armack, die „Soziale Marktwirtschaft". Sie beruhte und beruht auf drei Säulen. Erstens – allen bekannt – 1948 die **„Währungsreform"**, also Deutsche Mark und Einrichtung der Bundesbank (damals noch „Bank deutscher Länder"), um eine stabile Geldpolitik und Vertrauen in die Währung herzustellen. Zweites und ganz

* Axel Breinlinger, Richter am Bundesarbeitsgericht.

1 Die Vortragsform wurde mit geringen Ergänzungen beibehalten. Vertiefend zum Thema vgl. *Breinlinger*, Abschaffung der Fachgerichtsbarkeiten – zyklischer Reformeifer oder Versuch eines Systemwechsels?, Jahrbuch des Arbeitsrechts Band 42 (2005), S. 21 ff.

bedeutendes strukturgebendes Element war das Prinzip der freien Marktwirtschaft. Das hieß angesichts der Erfahrungen im Dritten Reich: eine **staatsfreie Marktwirtschaft**. Also weg von staatlichem Zwang, von Planwirtschaft, die die Nazis in der Kriegswirtschaft zur totalitären Perfektion getrieben hatten. Statt dessen Entfaltung der Marktkräfte ohne staatliche Einflußnahme. Mir ist heute morgen bei der Diskussion, ob Einigungsstellen von Gerichts wegen veranstaltet werden sollen, wieder dieser Punkt eingefallen. Ich bin von solchen Ideen nicht begeistert. Und das Dritte: Eigentum verpflichtet. Die freie, über den Markt funktionierende Wirtschaft wird zugleich auf das Allgemeinwohl verpflichtet und soll ihre **soziale Verantwortung** wahrnehmen. Die Produzenten sollen mitsprechen, sie sollen angemessen am Produktionsergebnis beteiligt werden und das im Moment besonders gescholtene Kapital soll sich bewußt sein, daß es gesellschaftliche Verantwortung hat. Das war deswegen so wichtig, weil das Können, das Wissen, das Engagement der in Industrie, Handel und Gewerbe tätigen Menschen das 1945 besterhaltene Produktionsmittel war. Man hat auf diese Karte gesetzt und mit ihr geschafft, einen beispiellosen wirtschaftlichen Aufstieg hinzubekommen.

**Drei Säulen** der Sozialen Marktwirtschaft: die kunstgeschichtlich Interessierten **3**
unter Ihnen wissen, daß eine Säule oben einen besonderen Stein hat. Die Kunsthistoriker und Architekten sprechen von dem sogenannten Kämpfer oder Kämpferstein, der die ganzen Lasten, die auf die Säule abgeleitet werden, auffängt, bündelt und ableitet. Im System der drei Säulen der freien Marktwirtschaft und der Sozialverpflichtung sind die **Arbeitsbeziehungen** der Kämpferstein der sozialen Säule. Auch diese Arbeitsbeziehungen wurden nach dem **Prinzip der Staatsfreiheit** gestaltet. Gemäß der Formel: „Nur soviel Staat wie nötig und soviel Selbstregulierung wie möglich". Was bedeutete das? Zunächst einmal wurden 1948 und später **Strukturgesetze** gemacht. Man hat ein Tarifvertragsgesetz verabschiedet und ein Betriebsverfassungsgesetz 1952. Das Arbeitsgerichtsgesetz wurde geschaffen. Zunächst wurden nur zwei Schutzgesetze vom Staat für nötig befunden, das Kündigungsschutzgesetz und das Mutterschutzgesetz. Alles andere hat man den geschaffenen Strukturen – Tarifvertrag, Betriebsverfassung und Arbeitsgerichtsgesetz – überlassen. Zugleich wurde – das finde ich besonders bemerkenswert – mit dem Tarifvertragsgesetz und der Betriebsverfassung die normsetzende und rechtsschöpfende Tätigkeit nonlegislativer Gremien zum Prinzip gemacht. D.h. der Staat hat gesagt, ich überlasse die Regulierung der Einzelheiten zunächst einmal den Tarifvertragsparteien bzw. den Betriebsparteien. Ich mache die Schutzgesetze nicht selbst. Ich gebe sie nicht vor, sondern warte erst einmal darauf, was sich eigentlich entwickelt. Das ist eine – denke ich – bemerkenswerte Besonderheit. Herr *Rieble* würde jetzt wahrscheinlich einwenden, das sei demokratietheoretisch nicht ganz unbedenklich – da hat er Recht. Aber ich meine, der Erfolg hat das eingegangene Risiko als richtig bestätigt. Sicher hat man in der Folgezeit von Seiten des Gesetzgebers nachgezogen mit Gesetzen. Aber sehr häufig hat man Lösungen übernommen, die von dieser so gestalteten Sozialen Marktwirtschaft selbst erarbeitet worden sind. Das prominenteste Beispiel war das Lohnfortzahlungsgesetz, das den im Arbeitskampf Schleswig-Holstein in der Metallindustrie 1956/57 erstrittenen Kompromiß um die Lohnfortzahlung auch für Arbeiter übernommen und später noch weiter entwickelt und fortgeschrieben hat. Es sind andererseits – und

auch das ist ein wichtiger Hinweis für die Bedeutung der Arbeitsgerichtsbarkeit – eine ganze Reihe von sehr wichtigen Fragen des Arbeitsrechts offen geblieben, offen gehalten worden und ich vermute, daß dies keine Schwäche des Systems ist, sondern daß es Fragen sind, die man besser auch zukünftig offen hält, die sich also einem gewissen Umfang einer gesetzgeberischen Tätigkeit und Festschreibung entziehen. Denken Sie an die Frage „Wer oder was sind eigentlich Arbeitnehmer?" Verbraucher? Natürlich wurde die jüngste Debatte, ob Arbeitnehmer Verbraucher sind, vor einem arbeitsrechtspolitischen Hintergrund geführt. Man hatte den § 312 BGB n.F. im Hinterkopf, in dem steht, daß Verbraucher ein Geschäft, das am Arbeitsplatz geschlossen wird, widerrufen können. Dann kamen schlaue Leute auf die Idee zu sagen „Da kriegen wir ja endlich auf diese Art und Weise die Aufhebungsvertragsproblematik elegant gelöst!". Dies hat der Zweite Senat des Bundesarbeitsgerichts dadurch zwischenzeitlich entschärft, daß er für Arbeitsvertragsgeschäfte die Klausel „am Arbeitsplatz abgeschlossen" gerade nicht als gültig anerkannt hat. Weil es die typische Erwartung ist, daß solche Fragen am Arbeitsplatz geregelt werden. Also, der § 312 BGB ist hier nicht einschlägig und die Aufregung um die Verbrauchereigenschaft legte sich vorläufig wieder. Aber sie zeigt exemplarisch, wie unsicher oder wie offen die Fragen sind: Was sind Arbeitnehmer? Was ist eine Tarifpartei? Was sind Gewerkschaften? Wann sind sie tariffähig? Das muß der Erste Senat ständig entscheiden, Ende letzten Jahres erst wieder[2]. Das kann nur von Fall zu Fall umschrieben werden und ist offensichtlich sehr schwer normsetzend in genereller Art und Weise festzusetzen. Solche Fragen sind arbeitsrechtliche „Urmaterie", die durch die Arbeitsgerichte je Einzelfall ausgearbeitet werden müssen. Das prominenteste Beispiel für die Tätigkeit der Arbeitsgerichte in der Vergangenheit ist heute auch schon angesprochen worden, die Regeln zum Arbeitskampf. Da kann man natürlich über vieles, was gefunden worden ist, trefflich streiten. Ich finde es aber bemerkenswert, daß diese Materie überhaupt durch Gerichte und im Zusammenwirken mit den diese Gerichtsbarkeit tragenden Verbänden gesamtgesellschaftlich gültig als Problem geregelt, gelöst werden konnte. Denken Sie nur einmal an die Probleme, die in der Weimarer Republik beim Thema Arbeitskampf bestanden! Das ist in der Bundesrepublik im großen und ganzen kein rechtlicher Knackpunkt mehr.

**4** Wieso hat das funktioniert? Wieso können sich solche Regelungen durchsetzen? Meines Erachtens liegt es daran, daß das Prinzip der Staatsfreiheit oder die Formel „Soviel Staat wie nötig und soviel Selbstregulierung wie nur irgend möglich" sich auch bei der Besetzung und der Struktur der Arbeitsgerichtsbarkeit, wie sie 1952/54 aus der Taufe gehoben worden ist, eingesetzt wurde und sich bewährt hat. Bei der Organisation, also der Errichtung oder Aufhebung von Arbeitsgerichten in den Ländern, sind Arbeitgeberverbände und Gewerkschaften zu hören, § 14 bzw. § 33 ArbGG, letztere Vorschrift für die Berufungsinstanz. Bei der Bildung und Einrichtung der einzelnen Spruchkörper, also der Frage, wie viele Kammern bei einem LAG oder bei einem Arbeitsgericht gebildet werden, gilt genau das gleiche. Ja selbst Personalentscheidungen: „Wie werden die Kammern besetzt? Wer wird auf Probe in die Gerichtsbarkeit berufen? Wer wird auf Lebenszeit ernannt?" werden im Ausschuß

2 Beschluß vom 14.12.2004 – 1 ABR 51/03 – NZA 2005, 697 – 704.

nach § 18 ArbGG mit den die Arbeitsgerichtsbarkeit tragenden Verbänden diskutiert. Und dann, einmalig im Rechtssystem der Bundesrepublik, überwiegt das ehrenamtliche Richterelement - Sie merken wie ernst ich das nehme - in zwei Instanzen. Selbst die Berufungsinstanz ist majorisiert durch die ehrenamtlichen Richter. Das paßt alles zusammen. Das gibt einen Sinn. Es gilt zu verstehen, daß das nicht irgendwie zufällig zustandegekommen ist, sondern ganz bewußt ein Bauplan befolgt wurde. **Die Regulierung der Arbeitsbeziehungen wurde, soweit irgend möglich, den beteiligten Kreisen selbst übertragen**. Das hat Geschichte gemacht. Und ich denke zu Recht, denn es hat sehr gut funktioniert.

Natürlich sind durch diese Arbeit auch wieder Gesetze vorbereitet worden. Denken Sie einmal an die Rechtsprechungslinie, die sich im Beschäftigungsförderungsgesetz (heute im Teilzeit- und Befristungsgesetz) wiederfinden ließ. Die Formel, daß ein befristetes Arbeitsverhältnis, das länger als sechs Monate dauert (dann besteht ja die Gefahr, daß der Kündigungsschutz umgangen wird), sachlich begründet sein muß, wurde 1985 im Beschäftigungsförderungsgesetz aufgegriffen. Oder denken Sie an den Bereich des Dritten Senates beim Bundesarbeitsgericht, in dem ich arbeiten darf. In Bezug auf die betriebliche Altersversorgung hat er 1972 erkannt, daß es nicht rechtens sein kann, daß Mitarbeiter 20, 25, 30 Jahre eine Zusage auf betriebliche Altersversorgung haben, sodann - aus welchen Gründen auch immer - drei oder fünf Jahre vor der Pensionierung ausscheiden und dann die gesamte Zusage nichts mehr wert ist. Die gesamte Unverfallbarkeitsgesetzgebung im Gesetz zur Verbesserung der betrieblichen Altersversorgung 1974 geht auf eine Entscheidung des Dritten Senates des Jahres 1972 zurück und - das muß ich jetzt auch einmal klar sagen - auf eine entsprechende gedankliche Vorbereitung durch die Arbeitsrechtslehre, die die Richter wahrgenommen haben.

Ich habe gerade - und das ist meine Überzeugung - herausgestrichen, daß die Akzeptanz und die Wirkweise der Arbeitsgerichtsbarkeit in unserem Land darauf zurückzuführen ist, daß wir durch die beteiligten Kreise in einem über- und außergewöhnlich starken Maß getragen werden. Unser besonderes Thema und unsere spezifische Aufgabenstellung - die Arbeitsbeziehungen - bedingen eine von den übrigen Gerichtsbarkeiten unterscheidbare Struktur. Am meisten ähnelt uns da vielleicht noch die Sozialgerichtsbarkeit, aber diese ist letztendlich Verwaltungsgerichtsbarkeit und damit viel enger an gesetzliche Grundlagen gebunden. Sie hat viel weniger Bewegungsspielraum als wir ihn haben müssen. Dort geht es darum, wie das Sozialgesetzbuch angewendet wird. Diese enge Gesetzesbindung haben wir in viel geringerem Maß, können wir auch gar nicht haben, weil wir ständig neue Aufgaben aus dem Wirtschaftsleben heraus gestellt bekommen.

Wir sind deshalb, und da spreche ich nicht nur für mich, sondern alle Kolleginnen 5
und Kollegen, sehr betroffen wahrnehmen zu müssen, daß die Spitze der Arbeitgeberseite - die BDA - die diskutierte **Abschaffung der Arbeitsgerichtsbarkeit** im Prinzip begrüßt. Die BDA knüpft das allerdings an eine Reihe von Voraussetzungen. Sie meint, all diese Beteiligungsformen und diese Form der besonderen Mitwirkung, die ich Ihnen gerade skizziert habe und die ich für so wesentlich halte, müßten auch nach einer Eingliederung in die ordentliche Justiz aufrecht erhalten bleiben. Ich glaube nicht, daß das funktionieren kann. Ich weiß,

daß ich, wenn ich hier als Arbeitsrichter zu Ihnen spreche und Ihnen die Existenz, die Notwendigkeit meiner Gerichtsbarkeit nahelegen will, immer dem Verdacht ausgesetzt bin: „Wenn man den Sumpf austrocknen will, dann darf man nicht die Frösche fragen". Aber ich kann Ihnen auf der anderen Seite auch sagen, ich komme aus der ordentlichen Justiz, ich habe dort angefangen, ich war – Thema Flexibilität – als Arbeitsrichter einmal für längere Zeit an ein Justizministerium abgeordnet und habe dort das Justitiariat geleitet. Ich nehme heute noch als Vorsitzender die Große Juristische Staatsprüfung ab. Also habe ich reichlich Berührungspunkte, Kontakte und Austausch mit meinen Kolleginnen und Kollegen aus der ordentlichen Justiz. Wenn man das Modell, das wir in den Arbeitsgerichten fahren, einem gestandenen Zivilrichter vorschlagen würde, würde dieser wohl fragen, ob er bei Verkehrsunfällen künftig mit zwei Beisitzern, einem von der Automobilindustrie und einem vom ADAC, richten soll. Oder bei Mietsachen, Haus und Grundbesitzer-Verein auf der einen und Mieterbund auf der anderen Seite. Das kommt einfach nicht an, weil es nicht deren Struktur ist. Sie müssen sich darüber im klaren sein, wenn die Arbeitsgerichtsbarkeit mit der Ziviljustiz verschmolzen würde, verlören die Verbände und damit auch der Arbeitgeberverband den entscheidenden Einfluß, den sie bisher auf Struktur wie auf inhaltliche Entscheidungen unseres Gerichtszweiges haben. Das wäre vorbei. Sie müssen entscheiden, ob Sie das für gut halten oder nicht.

6 Von den einzelnen Argumenten ist viel schon angesprochen worden, deshalb halte ich mich entsprechend kurz. Für die Verschmelzung auf nur zwei Gerichtsbarkeiten wird zunächst der Punkt **„Effizienzsteigerung"** ins Feld geführt. Herr *Rieble* hat heute morgen schon herausgarbeitet, daß solche Begriffe – momentan jedenfalls – ohne näheren Nachweis als inhaltsleere Schlagworte bezeichnet werden müssen. Wir haben gehört, Justiz müsse ihre Kernaufgaben wahrnehmen. Frau *Huther* hat das vorher sehr anschaulich illustriert. Deswegen hier nur folgender Hinweis: **die Arbeitsgerichtsbarkeit ist auf die Kernaufgabe Rechtsprechung voll konzentriert**. Wir haben nicht das Problem die Aufgaben der freiwilligen Gerichtsbarkeit wahrzunehmen, des Registerwesens, der Zwangsvollstreckung, des Nachlaßwesens, der Insolvenz, des Familienrechts usw. Das alles haben wir nicht. Wir bearbeiten arbeitsgerichtliche Prozesse und machen arbeitsgerichtliche Urteile. Würde dagegen jetzt die Arbeitsgerichtsbarkeit mit der Ziviljustiz zusammengelegt, dann müßte naturgemäß ein Präsidium des großen Zivilgerichtes sagen, die arbeitsrechtlichen Dezernenten müssen z.B. auch Notarprüfungen machen, nicht nur die bisherigen Zivilrichter. Das geht gar nicht anders. Also würden die sog. „akzidentiellen Aufgaben" der Justiz künftig auch ein Stück weit von Arbeitsrichtern bearbeitet werden müssen. Damit hätten wir eine Verlagerung von Manpower auf Gebiete, die genau nicht zur Kernaufgabe gehören!

7 **„Gutes Recht ist schnelles Recht!"?** Also, erstens bin ich nicht der Meinung, daß die Gerichtszweige, die langsamer als die Arbeitsgerichtsbarkeit arbeiten, deswegen schlechtere Entscheidungen machen. Man kann das mit dem Beschleunigungskonzept auch übertreiben und es zu stark in den Vordergrund stellen. Zweitens allerdings ist es bisher die gesamte Grundtendenz des Arbeitsgerichtsgesetzes und also auch der Arbeitsgerichte gewesen, in einem so stark wirtschaftlich orientierten Zweig wie der Arbeitsrechtsprechung, die Geschwindigkeit der Entscheidungen und

die Schnelligkeit, mit der Rechtsklarheit geschaffen wird, zu forcieren. Das halte ich für einen enormen wirtschaftlichen Faktor und, nebenbei, auch für einen Standortvorteil. Ich habe auf Zahlen in einem Diskussionsbeitrag heute morgen schon hingewiesen[3] und meine, Sie sollten es sich genau überlegen, ob es ein wahrscheinlicher Effekt sein kann, daß wir unseren Geschwindigkeitsvirus erfolgreich übertragen können, wenn wir die relativ kleine Arbeitsgerichtsbarkeit mit der großen Ziviljustiz verschmelzen. Oder ob nicht der gegenteilige Effekt, daß sich letztendlich der große Tanker in seiner Marschzahl durchsetzt, befürchtet werden muß. Sie werden alle schon Ihre eigenen Erfahrungen mit Fusionen in der Wirtschaft haben und deshalb überlasse ich die Beantwortung dieser Frage Ihrer diesbezüglichen Kompetenz.

**Kosteneinsparung** ist angeführt worden. Ich lasse das mit dem Kostendeckungs- **8**
grad jetzt weg, ich glaube, das ist bereits klar geworden. Nur soviel: Man kann schnell die Einnahmeseite erhöhen, indem man die entsprechenden Sonderbestimmungen aus dem Gerichtskostengesetz – da sind ja jetzt auch die Arbeitsgerichtskosten geregelt – herausstreicht. Aber ich weiß nicht, ob man eine höchst segensreiche Erfindung wie die Regel „beim Arbeitsgericht zahlt jeder in erster Instanz seine Prozeßkosten selbst, egal wie der Prozeß ausgeht" wirklich aufgeben sollte. Denn das Wissen darum, daß Prozeßkosten in jedem Fall anstehen, ist eine Hemmschwelle, die wegfällt, wenn gesagt wird, das geht nach allgemeinen Regeln, nach Prozeßverlust oder Prozeßgewinn.

Im Zusammenhang mit Kosteneinsparung wird auf **Synergieeffekte** verwiesen. Ich **9**
werde hier einmal mehr das Gefühl nicht los, im öffentlichen Dienst kommt alles fünf bis acht Jahre später, zu einer Zeit, wo man woanders schon wieder viel weiter ist. Ich hatte da zu lesen, man könne im Bereich der Bibliothekskräfte oder der Justizwachtmeister erhebliche Kosten einsparen. Also ich arbeite auch mit „Juris" und mit „Beck Online", aber entgegen dem, was Herr *Steindorfner* heute morgen an die Wand geworfen hat, schütze der Liebe Gott mich vor dem Tag, wo ich nicht mehr in einem Buch lesen kann oder darf... Ich habe mich einmal erkundigt. Wir haben im Schnitt eine Kraft im Bereich eines Landesarbeitsgerichtes, die die Bibliotheksverwaltung für dieses Landesarbeitsgericht oder die nachgeordneten Arbeitsgerichte macht. Diese Manpower bräuchten Sie auch in der ordentlichen Justiz, weil schlicht und einfach für die entsprechende Zahl von Richtern eben das entsprechende Material verwaltet werden muß. Egal, ob das in der LAG-Bibliothek oder in der Landgerichtsbibliothek bearbeitet wird. Und was die Justizwachtmeister betrifft: Der letzte Landesdienstjustizwachtmeister bei einem Arbeitsgericht ist vor zwei Jahren in Bremen pensioniert worden. Also das wird eine schwierige Geschichte mit den Synergieeffekten – zumal die Arbeitsgerichte enorm schlank organisiert sind. Sie haben, weil häufig kleine Einheiten, nur ganz selten eine eigene Verwaltung.

3 Durch drei Instanzen hindurch mit drei streitigen Schlußentscheidungen geführte Verfahren dauerten im Durchschnitt bis zur Verkündung der letztinstanzlichen Entscheidung 2002 3,03 Jahre (davon Revisionsinstanz 1,24 Jahre); 2003 Gesamtdauer 2,74 Jahre (Revisionsinstanz 0,96 Jahre) und 2004 schließlich 2,84 Jahre (Revisionsinstanz unverändert). Prozeßstatistik Bundesarbeitsgericht Erfurt Juni 2004 und Februar 2005 (In den Instanzen oder anderweitig beim BAG erledigte Verfahren wurden in die Berechnung nicht einbezogen).

Jedenfalls haben sie keine mit einer größeren Kopfzahl. Verwaltung wird nebenher miterledigt. Ich will jetzt nicht beurteilen, wie das bei den Sozialgerichten, bei den Finanzgerichten, bei den Verwaltungsgerichten, bei den öffentlich rechtlichen Fachgerichtsbarkeiten aussieht, das Terrain kenne ich nicht so gut. Aber die Arbeitsgerichte sind so schlank, da können Sie nichts mehr durch Zusammenlegung einsparen. Herr *Rieble* hat schon darauf hingewiesen, daß man im übrigen viele dieser Synergieeffekte – wenn sie denn überhaupt darstellbar wären und das gilt jetzt auch für die anderen Fachgerichtsbarkeiten – durch den Aufbau von Justizzentren gewährleisten könnte. Mir ist aus Mecklenburg-Vorpommern eine Untersuchung bekannt, in der man hausintern – zugegebenermaßen vor knapp zehn Jahren – hat untersuchen lassen, was es bringen würde, die Sozialgerichtsbarkeit und die Verwaltungsgerichtsbarkeit zusammenzulegen. Ergebnis war ein Einsparpotenzial von zwei Stellen im einfachen und anderthalb Stellen im mittleren Dienst. Mit diesen dreieinhalb Stellen hätte man in 100 Jahren noch nicht die Kosten abbezahlt, die es gebraucht hätte, um Verwaltungs- und Sozialgerichte in einheitlichen Gebäuden unterzubringen. So funktioniert das also nicht. Entweder Sie haben schon Justizzentren oder Sie müssen sie bei Gelegenheit bauen, aber Sie können nicht sinnvoll vertreten, ich mache diese Justizzentren jetzt flächendeckend, um Synergieeffekte darzustellen. Das rechnet sich nicht. Übrigens ist die Idee an sich schon älter. Es gibt sie schon seit den 60er Jahren und von Zeit zu Zeit gelingt es, so etwas zu realisieren. Man hat in den neuen Ländern davon sinnvollerweise viel Gebrauch gemacht. Noch eine Zahl, 1997 hat man einmal berechnet – und das ist auch eine der Voraussetzungen, die die BDA für eine Verschmelzung der Arbeitsgerichtsbarkeit mit der Zivilgerichtsbarkeit gemacht hat – daß eine einheitliche Eingangsinstanz in der ordentlichen Justiz (Zusammenlegung der Amts- und Landgerichte) Kosten von mehr als umgerechnet 2 Mrd. € verursachen würde[4]. Soviel zum Punkt Kostenersparnis.

**10** Wenn das alles bei näherer Betrachtung als Vorwand erscheint, muß man sich fragen, warum eigentlich solche Pläne relativ aufmerksam ventiliert werden. Politiker sind ja keine Selbstmörder, die völlig hoffnungslose Projekte anpacken. Es scheint offensichtlich – das muß ich ansprechen und das macht mich sehr nachdenklich als Mitglied des obersten Arbeitsgerichtes – eine Hoffnung auf **Deregulierung** mitzuspielen. Mitunter taucht in öffentlichen Diskussionen das Argument auf und scheint nicht gleich auf Ablehnung zu stoßen, Fachgerichte produzierten durch ihre Existenz die Komplexität ihrer Materie selbst. Das wird von uns sehr ernst genommen. Wir müssen uns fragen, ob wir tatsächlich dazu beitragen. Herr *Rieble* hat heute morgen kritisch angemerkt, das Betriebsrentenrecht verstehe kein Mensch mehr, ohne Spezialist zu sein. Ich muß zugeben, ich bin jetzt vier Jahre dabei und bin auch noch nicht in allen Winkeln ganz zuhause. Nun ist das zwar eine Spezialmaterie in einer Spezialmaterie, aber sie können sicher sein, daß meine Kollegen und ich beim Bundesarbeitsgericht und ebenso in den Instanzen solche Argumente aufnehmen. Wir sind aber genau an dem Punkt sehr darauf angewiesen,

---

4 Bund – Länder – Arbeitsgruppe „Einstufige Eingangsinstanz in der Zivilgerichtsbarkeit", Abschlußbericht 14.5.1997. Vgl. auch *Sauter*, Justizreform – Eine Zurückweisung, in: Hanns-Seidel–Stiftung, Argumente und Materialien zum Zeitgeschehen Nr. 22, S.17.

daß uns unsere ehrenamtlichen Richter – von beiden Seiten! – entsprechend kontrollieren. Es gibt kein Argument, das ein ehrenamtlicher Richter besser und schlagkräftiger anbringen könnte als den Warnhinweis, das sei der Praxis nicht mehr zu vermitteln! Es ist die Frage, ob uns jetzt genau dieser Dialog entzogen werden soll, ob das sinnvoll ist, diese Mitwirkung, diese Bremsen abzuschaffen.

Allerdings: häufig werden Ursache und Wirkung auch vertauscht. Wir unterliegen als Gerichte – wie übrigens auch alle anderen Gerichtszweige – dem **Verbot der Justizverweigerung**. Wir können zu einer Partei, die uns einen Prozeß präsentiert, nicht sagen „Das entscheiden wir nicht, weil die Lösung zu kompliziert wird". Die Ablehnung einer Entscheidung wegen nicht mehr justiziabler Materie, das ist eine ungeheuer hohe Barriere, die von Verfassungs wegen auch nicht vorgesehen ist. Die gibt es theoretisch, wird aber in der Praxis nicht vorgenommen. Es ist auch nicht so, daß wir da sitzen und beraten: „Wie machen wir die Sache kompliziert?". Auch Arbeitsrichter haben prinzipiell lieber ein einfaches und ruhiges Leben...

Möglicherweise spielt aber auch eine ganz andere, etwas krude Vorstellung eine **11**
Rolle. Dazu muß Ihnen jetzt einmal eine Geschichte erzählen. Ein früherer Präsident des Bundesarbeitsgerichts hat einmal in einer ähnlichen Veranstaltung wie der heutigen ein ungeheuer komplexes Referat über irgendein Thema des Ersten Senates zur Betriebsverfassung gehalten. Dabei hat er hoch theoretisch begründet und abgeleitet, warum die Entscheidung so und nicht anders lauten mußte und was gegen die Alternativen gesprochen hatte etc. Nachdem er fertig war, sollte die Diskussion anfangen, und dann herrschte erst einmal betretenes Schweigen, weil das ja nun so gewichtig und ausgefeilt gewesen war. Und dann stand doch einer der Zuhörer auf und sagte: „Ja, Herr Präsident, das ist ja alles ganz schön und gut, was Sie uns da erzählt haben, aber nun erklären Sie mir doch einmal, warum die Arbeitsgerichtsbarkeit eigentlich so ein verdammt linker Haufen ist!" Der etwas überraschte Referent hat sich dann tapfer vor seine Gerichtsbarkeit gestellt und gesagt, es wäre ja nicht an dem und die Statistik bemüht: so und so viele Prozesse von Arbeitgebern gewonnen und nur so und so viele von Arbeitnehmern und beim BAG sowieso und so weiter und sofort. Aber, was in dieser Fragestellung deutlich wird, ist die möglicherweise in der Tat bei dem Manöver „Wir verschmelzen das jetzt mit der Zivilgerichtsbarkeit" mitschwingende Hoffnung, bei der Zivilgerichtsbarkeit gehe es **„etwas weniger arbeitnehmerfreundlich"** zu. *Strictly spoken*: Man ist mit den Ergebnissen nicht zufrieden. Dem ist einiges entgegenzuhalten. Erstens beziehe ich mich auf die analytischen Anmerkungen, die Herr *Rieble* heute morgen gemacht hat. Es ist in der Tat so, daß die Zivilrichter schon lange nicht mehr nur auf das BGB schauen können. Auch sie haben eine Konstitutionalisierung des einfachen Rechtes nachzuvollziehen. Wenn das anders wäre, könnten wir sinvollerweise nicht miteinander einen Dialog führen, was wir ständig und immer wieder tun. Zur Vorstellung, die Zivilrichter säßen auf dem BGB und das BGB sei aus Kaisers Zeiten und da müsse die Welt folglich noch in Ordnung sein – also bitte, was glaubt man da eigentlich? Meint man wirklich, eine Kodifikation hätte seit 1900 kraftvoll ihre gestaltende Wirkung ohne permanente Veränderung bewahren können und den Zivilrichtern sei die Aufgabe der ständigen Anpassung an gesellschaftliche Veränderungen fremd geblieben? Schauen Sie sich doch die Rechtsprechung des

Bankensenats an, Thema Schrottimmobilien z.B. oder vorsätzliche sittenwidrige Schädigung. Zweitens kann ich Ihnen weiter garantieren: bei der ordentlichen Justiz werden bestimmte Fragen wesentlich rigider durchgefochten. Da ist ab einem bestimmten Punkt nicht mehr viel herzliches Verständnis für die Nöte der Wirtschaft. Wenn da etwas als dogmatisch richtig erkannt worden ist, wird das durchentschieden. Es ist eine schlichte Illusion zu glauben, mit der Überantwortung der Arbeitsrechtsprechung an die Ziviljustiz ließen sich große inhaltliche Schlachten gewinnen[5].

**12** Schließlich **Personalsteuerung**. Ich bin schon der Meinung, daß man bei Aufgabenverlagerungen, wenn man nicht nach geltendem Recht damit operieren und Versetzungen begründen kann, wenigstens *de lege ferenda*, also mit einer nicht zu gravierenden Rechtsänderung, die Sache in den Griff bekommen kann. Natürlich kann es den Heizer auf der E-Lok oder den Verwaltungsrichter, der sagt „Ich bin unabhängig und unversetzbar, also muß ich jetzt nichts mehr tun" nicht geben. Darüber sind wir uns einig. Aber ich muß auch sagen, ich habe elementare Bedenken gegen die Ausweitung von sogenannten „Umsetzungen". Das Problem wird nicht damit gelöst, die Angelegenheit von den Ressortministerien – d.h. Versetzungen – wegzuziehen und als Umsetzungen in die Präsidien der Gerichte zu verlagern. Die richterliche Unabhängigkeit lebt von dem Grundsatz, daß im Prinzip einem Richter gegen seinen Willen seine Aufgabe nicht entzogen werden darf. Oder wenn, dann muß man dafür gute Gründe haben und muß begründen können, daß es nicht wegen seiner richterlichen Tätigkeit geschehen soll. Wir sind im Kernbereich der richterlichen Unabhängigkeit mit dieser ganzen Flexibilisierungs- und Versetzungsdiskussion! In der Vergangenheit haben wir es auch über die Gerichtsbarkeiten weg hinbekommen, den Personalbedarf abzusteuern. Ich darf auf meine Erfahrung in einem neuen Bundesland verweisen, wo der Gerichtsaufbau zu leisten war und wo es an allen Ecken und Enden gebrannt hat. Das wurde auch ohne Gesetzesänderung bewältigt und die Aufgabe war wahrlich eine andere! Die Bereitschaft von Richtern auszuhelfen, zu wechseln, sich kollegial zu unterstützen, ist enorm groß. Das muß ich einfach mal – auch zur Verteidigung der Kollegenschaft und zwar in allen Gerichtsbarkeiten – sagen. Aus der Sicht eines Staatssekretärs, möglicherweise auch einer Oberlandesgerichtspräsidentin oder eines Landgerichtspräsidenten wird sich das im Einzelfall zuweilen ärgerlich und anders ausnehmen. Aber im Grundsatz hat das bisher 50 Jahre lang funktioniert. Also, ich wüßte jedenfalls nicht, daß die deutsche Justiz dafür bekannt ist, daß sich Leute wegen Nichtstun und unter Berufung auf ihre richterliche Unabhängigkeit vom Staat alimentieren lassen.

**13** Meine Damen und Herren, ich habe versucht, Ihnen aufzuzeigen, daß wir in der Arbeitsgerichtsbarkeit besondere Aufgaben und eine besondere Struktur haben, die ich persönlich bislang für äußerst tauglich, effektiv und bewährt halte. Wenn es

5 z.B. hat sich das Bundesarbeitsgericht nach der Integrierung des AGB-Gesetzes in das BGB und nach Wegfall der früheren Bereichsausnahme für das Arbeitsrecht (seit 1.1.2002) mit der Rechtsprechungslinie des BGH auseinanderzusetzen, die eine sog. geltungserhaltende Reduktion ablehnt. Klauseln mit zu langer Bindung bei Gratifikationen oder Ausbildungskosten entfielen danach zur Gänze.

Unzufriedenheit gibt mit unserer Arbeit und wenn das dazu geführt hat, daß sich zumindest die Spitze der Arbeitgeberverbände teilweise von der Arbeitgerichtsbarkeit abwendet, dann möchte ich Sie doch bitten, um Fortschritte zu erzielen – wie es *Einstein* einmal formuliert hat – die **richtigen Fragen** zu stellen. Machen Sie uns Vorschläge oder sagen Sie uns, wo der Schuh drückt, wo wir beispielsweise zu kompliziert werden. Wir bleiben an Recht und Gesetz gebunden und wo uns das Gesetz klare Vorgaben macht, können wir als haupt- oder ehrenamtliche Richter nicht einfach sagen, darüber gehen wir jetzt hinweg. Aber auf der anderen Seite haben wir mit Ihnen zusammen auch erheblichen Einfluß. Wir bieten nicht unbedingt immer das Bild der „Arbeitsrechtsfamilie", das ist vielleicht etwas übertrieben. Jedenfalls kracht es manchmal ganz schön in dieser Familie. Und das ist auch gut so, es sind ja schließlich gegensätzliche Interessen und sogar organisierte gesellschaftlich gegenläufige Interessen. Da kann nicht immer Friede, Freude, Eierkuchen vorherrschen. Aber entziehen Sie uns nicht den Dialog. Ich halte das im Sinne der freien und sozialen Marktwirtschaft für ein ganz elementares und bewährtes Prinzip, miteinander zu sprechen. Halten Sie bitte daran fest, anstatt sich enttäuscht abzuwenden. Setzen Sie diesen Dialog mit uns fort, um daran mitzuarbeiten, die Fragen des Arbeitsrechts besser zu lösen. Denken Sie bitte stets daran, daß Sie unser Kind nur ein einziges Mal mit dem Bade ausschütten können! Danke!

## B. Diskussion

**Professor Dr. Reinhard Richardi, Universität Regensburg:**

**14** Sie haben ein emotionales Element in die Diskussion gebracht und ich halte das für legitim. Wenn Sie an das Jahr 1945 denken, dann gehöre ich vom Jahrgang zu denjenigen, die sich gut daran erinnern können. Ich war damals in Berlin in einem Kohlenkeller. Da ich krank war, wurde ich nicht in den Luftschutzkeller gebracht. Ein dritter und vierter Stock fielen auf diesen Kohlenkeller und beim zweiten Sturz brachte man mich raus und sagte: „Reinhard, jetzt ist Frieden.“ Darauf fragte ich: „Was ist das?“ Die Zeiten, die dann unmittelbar in Berlin folgten, waren von Rechtsunsicherheit geprägt. Bürger wurden von der sowjetischen Besatzungsmacht verschleppt, verstarben in den KZs, die man zu diesem Zwecke wieder benutzte. Und es war eine Befreiung, als die Blockade einsetzte und man wußte – in den Westsektoren – wir gehören zum Westen.

Sie werden fragen: „Was hat das mit dem Thema zu tun?“ Das hat sehr viel mit dem Thema zu tun. Es geht um Rechtssicherheit. Und die Arbeitsgerichtsbarkeit hat im Gegensatz zu den Problemlagen, die sonst die Zivilgerichtsbarkeit beschäftigen, einen Masseneffekt. Es betrifft nicht immer nur ein, zwei oder drei, es betrifft 500.000, und das ist wohl auch ein Grund, warum die Besatzungsmächte 1946 das Arbeitsgerichtsgesetz erlassen haben. Die Kompetenz lag bei den ordentlichen Gerichten, und damit war man sehr unzufrieden, allein von der Begründung her. Und eine zweite Zäsur war dann bei der Wiedervereinigung. Da hat man die Arbeitsgerichtsbarkeit in den neuen Bundesländern geschaffen, nicht zuletzt wegen der wirtschaftlichen Umstrukturierungsnotwendigkeiten dort. Ich kann mich erinnern, daß derjenige, der in Sachsen die Arbeitsgerichtsbarkeit aufgebaut hat, nach seiner Pensionierung als Vizepräsident des Bundesarbeitsgerichts und erster Präsident des Landesarbeitsgerichts Sachsen – *Dirk Neumann* – berichtete, er habe in Leipzig ganze Körbe von Klagen vorgefunden, die zunächst einmal mit dem Eingangsstempel zu versehen waren. Das sind Dinge, bei denen man sagen kann, wenn das mal in die ordentliche Gerichtsbarkeit eingegliedert wird, wäre das rein organisatorisch. Da muß man sich einfach darauf einrichten, daß dieser Effekt eintritt. Mir sagte der Präsident des Landesarbeitsgerichts München vor kurzem, wenn Siemens das gemacht hätte, was es vorhatte – was Herr *Sieg* jedoch offenbar verhindert hat – dann hätte man das gerichtsförmlich gar nicht mehr bewerkstelligen können. Ich glaube, daß sind Elemente, die eigentlich die Sonderstellung der Arbeitsgerichtsbarkeit kennzeichnen.

Und nun einmal zu der leidigen Frage: Zivilrecht oder Sonderrecht? Der erste Präsident des Bundesarbeitsgericht *Nipperdey* kam aus dem Zivilrecht und hat von dort aus die maßgebliche Rechtsprechung des Bundesarbeitsgerichts bestimmt. Das führte dann allerdings dazu, daß man von anderer Seite dem Bundesarbeitsgericht eine sozialkonservative Grundhaltung vorgehalten hat. Ich erinnere an den IG Metall Kongreß im Jahre 1972, da behauptete die IG Metall, die Rechtsprechung des Bundesarbeitsgerichts sei faschistisch. Heute wird das anders wahrgenommen. Ich gebe das nur einmal zu bedenken. Die Zeiten ändern sich.

**Dr. Sven-Frederik Balders, Bundesvereinigung der Deutschen Arbeitgeberverbände:**

Herr *Breinlinger*, Sie hatten mehrfach auch die BDA direkt angesprochen. Wobei ich mir die Frage gestellt habe, ob Sie tatsächlich uns gemeint haben. Denn ich habe nicht alle Positionen wiedergefunden, die wir wirklich so vertreten. Zunächst einmal, um das klar zu stellen, wir fordern nicht die Abschaffung der Arbeitsgerichtsbarkeit, sondern – und das ist in der Tat ein Unterschied, der berücksichtigt werden muß – daß unvoreingenommen über einen Zusammenschluß von ordentlicher Gerichtsbarkeit und Arbeitsgerichtsbarkeit diskutiert werden muß. Und es ging auch nicht darum, daß da irgendwelche Voraussetzungen gegeben sein müssen. Nein. In der Tat müßten die arbeitsrechtlichen Besonderheiten auf jeden Fall berücksichtigt sein. Das verstehen wir auch im Sinne einer *conditio sine qua non*. Ansonsten würden wir auch bei einem Gesetzesentwurf entsprechend Kritik üben. Sie haben meines Erachtens auch keine schlüssige Begründung geliefert, warum jetzt auf einmal damit zu rechnen sein müßte, daß alle diese auch sozialpolitischen Besonderheiten im Falle einer Integration quasi automatisch verschwinden müßten. Man muß sich hier vielleicht auch einmal den Entwurf zu dem Zusammenführungsgesetz anschauen. Auch da ist es ja keinesfalls so, daß alle Besonderheiten des sozialgerichtlichen Verfahrens jetzt über Bord geschmissen würden, ganz im Gegenteil. Auch bisher haben die Sozialpartner in einer integrierten, einheitlichen öffentlichen Fachgerichtsbarkeit entsprechende Mitsprache- und Mitwirkungsrechte. Von der politischen Entwicklung her würde ich es ähnlich einschätzen wie Herr *Steindorfner*, daß sich dieser Prozeß gar nicht mehr aufhalten lassen wird. Daß es also weniger um die Frage des „ob" einer Eingliederung geht, sondern eher um die Frage des „wie" und inwieweit wir uns angesichts dieser desolaten Haushaltslage am besten aktiv in diesen Gestaltungsprozeß einbringen sollten. **15**

Natürlich ist auch klar, daß den Arbeitgebern an einer transparenten Rechtsprechung mit gewisser Rechtssicherheit gelegen ist. Und daß das vielleicht nicht immer auf die Zustimmung der Arbeitgeber stößt, was an Arbeitsgerichtsrechtsprechung existiert. Aber da sind eventuelle Versäumnisse keinesfalls nur der Arbeitsgerichtsbarkeit anzulasten, sondern natürlich auch der materiellen Rechtslage und dem Gesetzgeber. Wobei ich hier jetzt nicht die Kodifikation eines Arbeitsgesetzbuchs ausspielen würde mit der Frage: Gliedern wir die Arbeitsgerichtsbarkeit in die ordentliche Gerichtsbarkeit ein? Ich denke, diese Schritte müssen einhergehen, ebenso wie jetzt schon die Justizministerkonferenz die Frage: Vereinheitlichung der Prozeßordnung?, diskutiert. Danke.

**Axel Breinlinger, Bundesarbeitsgericht:**

Es kann sein, daß ich zu streng gewesen bin mit der BDA. Allerdings habe ich mir die Einschätzung erlaubt, Herr *Dr. Balders*, daß wenn die BDA sagt – ich nehme jetzt mal Ihre Worte auf – es gehe eigentlich nicht mehr um das „ob" der Verschmelzung, sondern nur noch um das „wie", dann sehe ich da nicht gerade den kämpferischen Einsatz für den Erhalt unserer Arbeitsgerichtsbarkeit seitens Ihrer Organisation. **16**

**Hinnerk Wolff, Arbeitgeberverband Chemie Hessen:**

**17** Mir fehlt bei allen Aussagen der Justiz bisher eine Aussage dazu, wie denn die zukünftige Arbeitsbelastung der Justiz aussehen wird. 2030 werden wir zwei Rentner und einen Erwerbstätigen haben. Wir haben eine abnehmende Erwerbsbevölkerung. Es kippt bereits jetzt in den nächsten Jahren um - von der Erwerbsbevölkerung zu den Rentnern. Ich wüßte nicht, daß wir in diesem Alter dann noch einen besonderen Bedarf für eine Arbeitsgerichtsbarkeit haben, die solche Fallzahlen produziert, wie sie es heute tut. Eine Aussage zu dem Volumen dessen, was in den nächsten 30 Jahren auf uns zukommt, habe ich heute hier nicht gehört. Davon hängt aber maßgeblich ab, wie man zukünftig die Arbeitsgerichtsbarkeit ausgestaltet und ob sie überhaupt noch gerechtfertigt ist als eigenständiger Zweig der Justiz.

Und vielleicht sollte ich auch noch eines sagen, die wirtschaftliche Entwicklung, die wir heute vorgestellt bekommen haben, und die Lage des Staates werden es zwingend bewirken, daß gespart wird. Es geht - wie Sie richtig gesagt haben - nur noch darum, wie gespart wird. Zu sagen, wir machen so weiter wie bisher, ist schön. Wir können uns auch über die Geschichte von 1945 unterhalten. Wir können uns immer über die Vergangenheit unterhalten, wie wunderbar alles funktioniert hat — aber es funktioniert nicht mehr. Denn wo kein Geld da ist und wo der Staat nichts ausgibt, ist auch nichts zu verteilen, und da können wir auch nicht so weitermachen wie bisher. Ich würde mich freuen, wenn vielleicht von Referenten oder von dem Rest des Tagungspublikums noch irgendeine Anregung käme, die dazu einmal Stellung nehmen könnte.

**Axel Breinlinger:**

**18** Um mit dem letzten anzufangen. Ich bin nun wirklich auch dafür, daß Kosten gespart werden und daß wir den Staatshaushalt sinnvoll ausgeben. Und je weniger da ist, desto mehr müssen wir natürlich darauf achten, daß die Mittel möglichst effektiv eingesetzt werden, da ist kein Bereich ausgenommen. Da bin ich mit Ihnen, Herr *Wolff*, vollkommen einig. Ich bin allerdings der Meinung, daß wir uns mit der Arbeitsgerichtsbarkeit - und ich denke, als Verbandsvertreter haben Sie genügend Einblicke - eben schon einen der schlankesten Bereiche im Staatswesen überhaupt vornehmen. Ob es sinnvoll ist, diesen mit anderen Bereichen zu verschmelzen, würde ich von der Frage abhängig machen, wie denn Strukturen und Ausgabensituation in diesen anderen Bereichen sind. Mich würde erst jemand unter dem Kostenaspekt überzeugen, wenn er belegen könnte, daß die ordentliche Justiz, mit der ja die Zusammenlegung erfolgen soll, billiger ist als die Arbeitsgerichtsbarkeit. Ich habe das mal am Beispiel der Besoldung durchgespielt. Da wird einem erzählt, es würden Direktorenstellen und dergleichen wegfallen - Synergieeffekte. Da wir aber im deutschen Richtergesetz Besitzstandsregelungen haben, ist zu erwarten, daß - so lange die Leute nicht in Pension gehen oder vorzeitig sterben - die Personalkosten eher höher werden. Also ich bin mit Ihnen einverstanden, wenn Sie sagen, wir müssen Kosten sparen. Nur ob die Zusammenlegung jetzt einen Kostenvorteil bringt, das scheint mir sehr fragwürdig zu sein. Man müßte mir erst einmal vorrechnen - und da habe ich auch Herrn *Rieble* heute morgen so verstanden, daß das noch keiner vorgerechnet hat - was sich wirklich sparen läßt - außer, daß Schlagworte in die Gegend geworfen werden. Und mit dem demographischen Faktor - gut, ich kann Ihnen jetzt auch nicht sagen, ob wir in 30 Jahren überhaupt noch so viele oder nur noch die Hälfte der Richter in der Republik brauchen werden - das ist eine Frage, die bezieht sich auf alle Gerichtsbarkeiten und ist kein spezifisches Problem des Arbeitsrechts.

**Professor Dr. Volker Rieble**:

Vielleicht erlauben Sie mir eine kurze Zwischenbemerkung. Stellen Sie sich einmal **19** vor, wir hätten nur noch ein Zehntel der jetzigen Kündigungsrechtsstreitigkeiten, dann würden wir massiv an der Arbeitsbelastung sparen. Es wird aber rein vom Spareffekt gar nichts bringen, weil Sie nach Artikel 97 Richter nur bei vollem Gehalt versetzen oder in den Ruhestand entlassen können. Sie können sie aber nicht zum Beispiel in der Verwaltung aktivieren. Das geht nach der Verfassungslage nicht. Das würde man vielleicht auch nicht ändern können. Deswegen müßte man sich sehr genau überlegen - aber dasselbe Problem haben Sie überall im öffentlichen Dienst - daß Sie, wenn Sie Aufgaben wegnehmen und vereinfachen, trotzdem das aktuell vorhandene Personal praktisch unkündbar bis zum Pensionsende und dann die ganzen Pensionslasten haben. Nur ist das natürlich auch kein Argument, auf jede Sparanstrengung so wie in der Vergangenheit zu verzichten. Nach dem Motto, wir können sowieso nichts an der eintretenden Katastrophe ändern. Das ist eine schwierige Situation, ein gewisses Dilemma, aber es kann uns nicht der Aufgabe entheben, für die Zukunft gegebenenfalls vorhandene bessere Konzepte auch umzusetzen.

**Edda Huther, Bayerischer Verfassungsgerichtshof und Oberlandesgericht München:**

Ich komme zu einem ähnlichen Ergebnis wie Sie, Herr *Rieble*. Ich meine, daß keiner **20** von uns beurteilen kann, was sich in den nächsten 30 Jahren tun wird und wieviel die Arbeitsgerichtsbarkeit, wieviel die ordentliche Gerichtsbarkeit oder andere Gerichtsbarkeiten zu tun haben. Aber ich sehe einen Haupteffekt in der größeren Flexibilität. Und diese größere Flexibilität ermöglicht es eben eher, wenn sich die Umstände so gestalten, daß in einem Bereich die Arbeit abnimmt, in einem anderen Bereich die Arbeit zunimmt, daß man in größerem Maße versetzen könnte. Natürlich nicht unbeschränkt, ich kann nicht jemanden, der heute Familienrecht macht, morgen Arbeitsrecht machen lassen. Aber einfacher als bisher könnte man den Veränderungen in der Belastung gerecht werden. Diese größere Flexibilität, darin sehe ich einen Gesichtspunkt, der im Vordergrund steht.

Sie haben vorher gefragt, ob man den Geschwindigkeitsvirus nicht auf die ordentliche Justiz übertragen könne — vielleicht ist es ja auch so, daß die Verschiedenheit der Materien auch das Maß der Möglichkeiten des Vergleichsschlusses mit beeinflußt. Natürlich will ich gar nicht in Abrede stellen, daß es innerhalb der Arbeitsgerichtsbarkeit eine große Erfahrung mit Vergleichsregelungen gibt. Daran könnten wir durchaus partizipieren. Aber man muß auch sehen, daß es da Grenzen geben wird. Das bedeutet aber nicht, daß deshalb die Arbeitsgerichtsbarkeit schlechter werden wird, wenn sie mit der ordentlichen Gerichtsbarkeit vereint wird. Im Bereich der Arbeitsgerichtsbarkeit kann und soll es so bleiben, daß möglichst viel verglichen wird. Ich sehe durch eine Vereinigung nicht solche Schwierigkeiten. Und daß sie inhaltlich weiter einen Einfluß der Tarifpartner durch die Zusammensetzung des Gerichts haben soll, daß die ehrenamtlichen Richter die Mehrheit bilden — auch da sehe ich keine Schwierigkeit. Auch im Strafrecht sind in erster Instanz beim Schöffengericht und in zweiter Instanz die ehrenamtlichen Richter in der Mehrheit.

**Dr. Christian Reiter, DaimlerChrysler:**

**21** Ihr Argument war ja zum wesentlichen darauf gegründet, daß Sie sagen, aufgrund der historischen Erfahrungen der Bundesrepublik hat die Arbeitsgerichtsbarkeit durch die bipolare Besetzung der entsprechenden Lager eine ganz besondere Akzeptanz. Und diese Akzeptanz droht verloren zu gehen, wenn wir die Arbeitsgerichtsbarkeit in die ordentliche Gerichtsbarkeit integrieren, weil Sie der Auffassung sind, daß das dort sich nicht halten läßt — wenn ich es einmal so ganz kurz zusammenfassen darf, wie ich Sie verstanden habe. Da hätte ich mal eine grundlegende Frage, die vielleicht auch ein bißchen durch die Erfahrungen eines Vertreters eines großen Unternehmens geprägt ist. Diese Akzeptanz arbeitgerichtlicher Entscheidungen insbesondere der ersten Instanz, sehen Sie die mittlerweile noch so flächendeckend gegeben, wie das vielleicht vor 50 Jahren der Fall gewesen sein mag? Ist es nicht viel eher so, daß gerade Arbeitgeber heutzutage nicht Gerichtsurteile akzeptieren, also annehmen, sondern lediglich hinnehmen?

**Professor Dr. Martin Franzen, Ludwig-Maximilians-Universität München:**

**22** Herr *Breinlinger*, Sie hatten den Vorteil der Mitwirkung der Sozialpartner an der Entscheidung darin gesehen, daß dadurch Partizipation geschaffen wird und daß die Erfahrungen aus der Praxis miteingebracht werden können. So habe ich es jedenfalls verstanden. Jetzt ist meine Frage, ob dies auch - so wie Sie es im Titel ihres Vortrags zum Ausdruck gebracht haben - für die Revisionsinstanz gilt? Für die Tatsacheninstanz kann ich das nachvollziehen, hier werden praktische Erfahrungen von Gewerkschafts- und Arbeitgeberseite eingebracht, die vielleicht wichtig sind, die der Arbeitsrichter auch mitbekommen können soll. In der Revisionsinstanz sind es doch zumeist Juristen, die von Gewerkschaften und Arbeitgeberseiten in den Senaten sitzen und die dort auch ihre ganz spezifischen Verbandsinteressen durchsetzen. Worin sehen Sie denn den Sinn der Mitwirkung dieser Verbände in der Revisionsinstanz?

**Axel Breinlinger:**

Mit dem letzten fange ich natürlich am allerliebsten an, weil das ja sozusagen mein Heimspiel ist. Ich kann Ihnen versichern, daß in meinem, aber auch in den anderen neun Senaten des Hauses dieses Element der Kontrolle und des Gegendenkens und auch der Einbringung der unterschiedlichen, oftmals auch konträren Interessen in den Entscheidungsprozeß eines Gerichts ein Element ist, auf das wir auf keinen Fall verzichten möchten. Das ist für uns enorm wichtig, weil – Herr *Richardi* hat ja darauf hingewiesen – jedes abeitsgerichtliche Urteil, aber erst recht eines des Bundesarbeitsgerichtes, natürlich Flächenwirkung hat, sofort in die Breite geht. Und es ist äußerst schwierig für uns, Sicherheit zu gewinnen, was die Rechtsfolgenabschätzung anbelangt. Da sind für uns unsere ehrenamtlichen Richter die absolut kompetenten und wichtigen Gesprächspartner. Wir machen auch mitunter Kongresse, zu denen wir unsere ehrenamtlichen Richter besonders einladen. Beispielsweise machen wir alle zwei, drei Jahre ein Europarechtsforum, wo wir genau diesen Austausch suchen. Ich möchte darauf nicht verzichten. Es ist schwer genug, am grünen Tisch und unter Juristen, auch wenn sie viel arbeitsrechtliche Erfahrungen haben, die rechtlichen Lösungen auszubaldowern. Wir stellen unseren ehrenamtlichen Richtern das, was wir uns vorstellen, als Voten und Gutachten vorab zur Verfügung. Und ich weiß genau, daß solche Voten und Gutachten von unseren ehrenamtlichen Richtern sehr aufmerksam geprüft und durchgecheckt werden. Wenn wir dann die Senatsberatung haben und die sagen, das ist in Ordnung so, dann wissen wir, das ist wirklich nicht nur einfach im Zug mal gelesen worden, sondern das ist von den Verbänden durchdacht worden. Und wenn sie sagen, da habe ich ein Problem damit, dann werden wir uns überlegen, ob wir die Entscheidung so halten können. Das ist ein ganz ernsthafter Prozeß – und mir persönlich wäre es überhaupt nicht recht, müßte ich ohne diese Mitwirkung die Spruchrichtertätigkeit auch in der Revisionsinstanz vornehmen. 23

Zur Frage der Akzeptanz: Da scheint es ja wohl ein Defizit an Akzeptanz zu geben. Die Tatsache – auch wenn ich möglicherweise das ein oder andere zu akzentuiert ausgedrückt habe – daß sich die BDA eben nicht an vorderster Spitze für den Erhalt der Arbeitsgerichtsbarkeit einsetzt, läßt ja darauf schließen, daß es ein Akzeptanzproblem geben muß. Ich muß aber jetzt noch eine kleine Geschichte erzählen: Mich ruft vor einigen Wochen ein mir bekannter Manager eines Unternehmens an und sagt: „Sag mal, stimmt denn das? Ich habe da einen bei mir in der Abteilung, der ist schwerbehindert und in den letzten vier Jahren vielleicht drei, vier Monate überhaupt noch im Betrieb gewesen. Auch ich habe da meine betriebswirtschaftlichen Gesichtspunkte und habe mir gesagt, das geht so nicht mehr weiter, den Mann müssen wir kündigen. Daraufhin bin ich zum Personaler gegangen und habe ihm das vorgetragen; der hat die Akte kurz aufgeschlagen und gesagt: Was ist der? Schwerbehindert? Können Sie vergessen. Kriegen wir nie los. Können wir nicht kündigen. Das haut uns jeder Arbeitsrichter um die Ohren. Stimmt das?" Das stimmt natürlich nicht, wie Sie wissen. Natürlich kann man auch einem Schwerbehinderten kündigen – sogar im Zusammenhang mit der Schwerbehinderung. Auch die Ämter, die Genehmigungsbehörden, machen da mittlerweile mit. Das heißt, es gibt auch einen Bereich der arbeitsrechtlichen Mythen, wo das ein oder andere erzählt wird über Arbeitsrecht und die Tätigkeit der Arbeitsgerichte, das schlicht und einfach nicht zutreffend ist. Der Betriebsrat muß vor jeder Kündigung zustimmen — ja, von wegen. Und es gibt ein Recht auf Abfindung, mindestens ein halbes Gehalt. Oder: In der Krankheit kann nicht gekündigt werden. Oder: Man muß mindestens dreimal abgemahnt haben etc. Und was es da alles für Tierchen gibt, die irgendwo gezeugt worden sind, aber nicht in Arbeitsgerichten und auch nicht vom arbeitsrechtlichen Gesetzgeber. Das ist eine Frage der Stimmung, eine Art von Zeitgeist. Im allgemeinen wird uns beim Bundesarbeitsgericht insgesamt doch eine gewisse Neutralität und Objektivität bescheinigt — natürlich, wenn man verloren hat, ist man unzufrieden.

Aber ich meine, wenn wir ein Akzeptanzproblem haben, ist es problematisch zu sagen: „Dann schaffen wir den Laden ab." Wenn die eine oder andere Entscheidung vielleicht nicht gefallen hat und deswegen die Bereitschaft, an der Arbeitsgerichtsbarkeit festzuhalten, nicht die allergrößte ist, geschieht dies aus einer Verärgerung heraus. Dann müssen wir uns überlegen, wie wir die Akzeptanz verbessern. Aber nicht, wie wir die Entscheidung anders machen. Wir müssen dann in die inhaltliche Kritik, warum die Entscheidung falsch sein soll. Und wir haben eine Horde von wilden arbeitsrechtlichen Wölfen, die nennen sich Professoren und die nehmen uns gnadenlos auseinander, wenn wir dogmatische Fehler gemacht haben. Wir haben ja *checks and balances* in unserem System.

Und gut, das mit der Flexibilität, Frau *Huther*, ich gebe zu, daß dann der Richtereinsatz flexibler ist. Aber ich habe auch schon gesagt, daß ich damit ein Problem habe, was die Unabhängigkeit angeht. Sie sagten, für Sie ist die Unabhängigkeit verletzt, wenn die Versetzung von Ministerien her erfolgt. Da muß ich Ihnen sagen, da kommt für mich eigentlich ein zusätzliches Problem, nämlich das Problem der Gewaltenteilung. Aber ich muß den Grundsatz der vollen Inamovibilität auch berücksichtigen, wenn ich Präsidiumsentscheidungen habe. Im übrigen sind die auch gerichtlich überprüfbar.

**Edda Huther:**

24 Ich möchte nur noch etwas zum Akzeptanzproblem sagen. Ich möchte das Thema „Zusammenführung ordentliche Justiz und Arbeitsgerichtsbarkeit" nicht unter dem Gesichtspunkt Akzeptanz sehen. Wir sind alle unabhängige Richter, und ich möchte niemandem garantieren, daß im Rahmen der ordentlichen Gerichtsbarkeit ein konkreter Prozeß anders ausfällt als er in der Arbeitsgerichtsbarkeit ausfällt.

**Dr. Gerd Federlin, Rechtsanwalt:**

25 Sie haben ja sehr eindrucksvoll berichtet, was für eine wichtige Rolle die ehrenamtlichen Richter spielen. Das würde ich Ihnen gerne glauben, wenn es nicht auch in der Regel ganz andere Beispiele gäbe. Nämlich daß sich die Berufsrichter, wenigstens in der dritten Instanz, vorher so einig sind, daß die Diskussion anschließend im Senat kaum eine Chance bringt, etwas zu verändern. Haben Sie die

Erfahrung gemacht in Ihrem Senat, daß die Richter offen in die Diskussion gehen und eben im Ergebnis noch nicht festgelegt sind und sozusagen erst die Diskussion mit den ehrenamtlichen Richtern zur Entscheidung führt?

**Axel Breinlinger:**

Sie stellen sich das etwas zu monistisch vor. Das ist kein Betonblock, der da **26**
unirritierbar erstmal im Raum steht. Es ist so, daß der Berichterstatter, wenn er sein Gutachten fertigt, schon mal den einen oder anderen Gedanken im Senat vorab ventiliert, insbesondere dann, wenn es schwierig ist. Er schlägt die wesentlichen Pflöcke erst einmal ein und sagt, so und so, das ist mein Vorschlag. Und dann wird dieser Vorschlag auf Herz und Nieren diskutiert. Und ich habe es in der Tat erlebt, daß der Senat aus diesen professionellen Vorbereitungen relativ unentschlossen herausgeht. Und wenn dann die ehrenamtlichen Richter kommen und sagen, damit sehen wir Probleme und wir schlagen vor, es anders zu machen, dann sind da Einflußnahmen drin — das ist jedenfalls in den vier Jahren meine Erfahrung. Wenn nicht, hielte ich das auch für ein ganz unkluges Verschleudern von Ressourcen, denn ich sagte ja schon, die Absicherung und das Gegenlesen, Gegendenken durch die Verbände ist enorm wichtig für uns. Es gibt uns Sicherheit.

**Hinnerk Wolff:**

Eine Anmerkung noch zum Thema Akzeptanz. Ich finde das schon interessant, daß **27**
man das so hinnimmt, daß vielleicht die Arbeitgeberseite Urteile häufig nur annimmt, aber im Prinzip nicht als gerechtes Urteil auffaßt. Und daß Sie die Akzeptanz allein daran anknüpfen, daß die Verbände an der Besetzung der ehrenamtlichen Richterbänke beteiligt sind. Ich habe vorhin zur Kenntnis genommen - und das nehmen wir in der Presse auch zur Kenntnis - daß wir Verbände in der Politik schon auf der roten Liste der aussterbenden Arten gehandelt werden. Ich glaube, wichtig ist - insoweit gebe ich auch Herrn Professor *Rieble* Recht -, daß die Justiz angenommen wird von der Bevölkerung, von denen, die sich an sie wenden und dort auch entsprechend eine Dienstleistung oder eine friedensstiftende Wirkung erwarten.

Und zum zweiten Thema Flexibilität noch eine Randbemerkung. Die Flexibilität personeller Art erschöpft sich ja wohl kaum in einem Ringtausch der verschiedenen Justizzweige. Das ist ja nicht das, was zukünftig auch für den Bedarf, den ich vorhin angesprochen habe, im Rahmen der Entwicklung der Justiz und der Fallzahlen die Lösung verspricht. Das Problem, das Sie haben, ist jetzt das, daß Sie eine hohe Anzahl von Fallzahlen lösen müssen, aber in relativ schneller Zeit nicht lösen können, dann weniger Fallzahlen eintreten und Sie zu viele Richter und Pensionsverpflichtungen haben. Vielleicht wäre das einmal ein Gedanke gerade in Bezug auf die Unabhängigkeit der Stellung der Richter, über diese sogenannte Lebenszeitanstellung nachzudenken und zu überlegen, ob man nicht von diesem Prinzip einmal abgehen sollte. Denn dann könnte man vielleicht auch zukünftig besser auf das, was auf uns zukommt an divergierenden oder an differenzierten

Arbeitsbelastungen, eingehen, und dann wäre es unter Umständen auch möglich, gewisse Justizzweige und Spezialisierungen leichter in der Argumentation aufrechtzuerhalten.

**Joachim Vetter, Landesarbeitsgericht Nürnberg:**

**28** Herr *Wolff* hat gefragt, wo denn Einsparpotentiale gesehen werden, weil Einsparungen erforderlich sind. Dem kann ich folgen. Ich würde auch gerne mehr diskutieren über Einsparpotentiale. Wir sind uns aber zumindest für die derzeitige Situation doch wohl einig, daß es Einsparpotentiale derzeit durch eine Zusammenlegung nicht gibt. Das sind alles Wechsel auf eine Zukunft, die vielleicht mal unterschiedliche Fallzahlen bringen wird und zwar in einer derartigen Geschwindigkeit, daß die Justizverwaltung mit den Methoden, die heute angewendet werden, nicht mehr zurechtkommt. Heute gibt es ja auch schon unterschiedliche Fallzahlen, Abbau und Aufbau von Richterstellen. Deshalb verstehe ich die Diskussion in der derzeitigen Lage gerade von der Wirtschaft aus eigentlich weniger. Wenn sich die Justizverwaltung Gedanken macht, wie sie in 15 Jahren die vorhandenen Richterstellen aufteilt, dann habe ich da eher Verständnis. Das zum ersten.

Zum zweiten, es wird immer gesagt, die Spezialisierung könne ja aufrechterhalten bleiben, wenn die Arbeitsgerichte eingegliedert werden. Ich halte das für relativ schwierig. Soll das Arbeitsrecht von den Amtsgerichten mitgemacht werden? Dann könnte man ja jeweils einen Arbeitsrichter zu einem Amtsgericht verteilen. Aber bei sehr vielen Amtsgerichten würde es einen ganzen Arbeitsrichter gar nicht ausmachen. Ist Ihnen das lieber, wenn Sie dann einen halben haben, der niemanden mehr hat, mit dem er über Arbeitsrecht diskutieren kann? Bibliotheken braucht man vielleicht nicht mehr so aufzubauen durch die Elektronik, aber das wird jedenfalls eine völlig veränderte Landschaft des Arbeitsgerichts werden. Ich glaube also, daß die Spezialisierung in dem Sinn nicht aufrechterhalten werden könnte. Man könnte natürlich auch Amtsgerichte mit Schwerpunkt Arbeitsrecht bilden, was dann irgendwie wieder dem Thema Rechtsvereinheitlichung, Rechtsklarheit entgegenstehen würde, wenn ich nur beim Amtsgericht Nürnberg Klage erheben kann in arbeitsrechtlicher Hinsicht, aber nicht in Schwabach, Fürth und Erlangen. Kommt mir jetzt auch irgendwie komisch vor. Kann man natürlich alles machen, aber wo da die Verbesserung sein soll, sehe ich im Moment nicht.

Noch etwas zur Akzeptanz, ich habe auch den Eindruck, daß viele unserer Entscheidungen nicht akzeptiert werden. Aber es ist mir jetzt neu, daß das nur von Arbeitgeberseite so sein soll. Ich selber meine, auch als Funktionär auf der Seite des Arbeitsrichterverbandes, daß natürlich vieles verbesserungswürdig ist. Auch in unserem Auftreten, wie wir Gerichte den Leuten gegenübertreten, wie wir Akzeptanz vermitteln. Da ist aus meiner Sicht vieles verbesserungsbedürftig, und ich bin gern bereit, Vorschläge entgegenzunehmen bzw. ich kann auch – in anderem Zusammenhang – durchaus welche machen. Eins möchte ich allerdings noch zu einem ganz anderen Thema sagen. Wir diskutieren ja im Moment über die Justizreform. Mich wundert es ein bißchen, wie wenig Widerstand es gerade auch vom Arbeitgeberlager gegen die Einschränkung der Rechtsmittelmöglichkeiten gibt. Wie viele Entscheidungen der Arbeitsgerichte müssen doch unter Heranziehung neuer Tatsachen auch gerade in Kündigungsprozessen in zweiter Instanz noch mal durchgeprüft werden, und natürlich auch in dritter Instanz; gerade die Arbeitgeberschaft, soweit sie nicht durch versierte Juristen der BDA vertreten wird, hat in erster Instanz enorme Schwierigkeiten, den Anforderungen zu genügen — und das wird doch ganz häufig erst in zweiter Instanz nachgeholt. Ich möchte also aus meiner Sicht dazu aufrufen, sich die Pläne der Justizminister in der Hinsicht näher anzuschauen und vielleicht zu überlegen, ob man nicht in dieser Richtung mehr Widerstand leisten sollte. Vielen Dank.

**Axel Breinlinger:**

Ja, vielen Dank, daß Sie mich noch mal daran erinnert haben. Das hatte ich vorher **29**
vergessen. Das ist überhaupt keine Frage, wir brauchen in der Arbeitsrechtsjustiz eine volle zweite Tatsacheninstanz. Das geht überhaupt nicht ohne diese Korrekturmöglichkeit. Nicht, weil ein ganz fürchterliches Sodom und Gomorrha in der ersten Instanz herrscht, sondern weil die Kolleginnen und Kollegen unter einem wahnsinnigen Druck arbeiten. Und weil es schnell gehen muß, weil alle Seiten ein Interesse daran haben, daß schnell entschieden wird. Ich habe jahrelang in einer Zivilkammer am Landgericht Bauprozesse gemacht, wo dann die erste mündliche Verhandlung stattfand, nachdem die Akten richtig dick geworden waren mit Gutachten, Gegengutachten und Obergutachten. Und dann hieß es: „Da warte ich, bis ich versetzt werde und überlasse es meinem Nachfolger." — Bei uns dagegen muß es schnell gehen. Und das bedeutet, daß wir auf der anderen Seite eine volle Überprüfungsinstanz brauchen. Sonst haben wir wirklich ein Akzeptanzproblem und lassen auch unsere Kolleginnen und Kollegen der ersten Instanz mit den Problemen allein. Das können wir uns nicht leisten.

Da war noch die Wahl der Richter auf Zeit. Problematisch! Das wird immer mal wieder diskutiert, natürlich hat das auch direkt etwas mit der richterlichen Unabhängigkeit zu tun. Die Frage ist für mich eher, ob wir nicht die Art und Weise, wie wir unsere Lebenszeitrichter rekrutieren, überdenken sollten. Es ist natürlich charakterbildend, wenn man mit 30 Jahren Richter wird, und von da an hat man von Amts wegen Recht, oder? Aber ansonsten gibt es für das Vorbild der Richterwahl, glaube ich, zwei historische Beispiele. Das eine war der wilde Westen, das andere die DDR.

# § 5 Anforderungen an eine moderne Eingangsinstanz

Rn.

# A. Referat Günter Spinner*

## I. Einleitung

1 In den vergangenen Jahren taucht zusehends die Frage auf, ob das in der Bundesrepublik bestehende Gerichtssystem effizient und zukunftsfähig ist. Angestoßen wurde diese Diskussion, soweit es die Arbeitsgerichtsbarkeit angeht, neuerlich seit dem Jahre 2003 vor dem Hintergrund der rapide ansteigenden Eingangszahlen in der Arbeitsgerichtsbarkeit. Bedingt durch die gesamtwirtschaftliche Situation sind die Arbeitsgerichte seit Anfang des Jahres 2002 bundesweit einer hohen Belastung ausgesetzt. In diesem Zusammenhang wurde sehr schnell durch die Präsidentinnen und Präsidenten der Landesarbeitsgerichte auf die Erforderlichkeit zusätzlicher Stellen im richterlichen wie auch nicht richterlichen Bereich der Arbeitsgerichtsbarkeit hingewiesen. Diesen Forderungen standen die meisten Haushaltsgesetzgeber aus verständlichen Sparzwängen der öffentlichen Hand eher skeptisch gegenüber. Im zeitlichen Zusammenhang wurde sehr schnell auch die Frage der Ressortierung der Arbeitsgerichte thematisiert. In Baden-Württemberg wurde im Jahr 2004 von der bis dahin praktizierten Ressortierung der Gerichte für Arbeitssachen beim Sozialministerium abgerückt und auch diese in das Zuständigkeitsressort des Justizministeriums überführt. Waren bezüglich dieser Frage kurzfristige Veränderungen möglich, ist dies bei der Frage einer Aufhebung der bislang eigenständigen Arbeitsgerichtsbarkeit schwieriger.

2 Vorrangig befaßt sich der folgende Beitrag nicht mit der politischen Frage, ob es einer eigenständigen Arbeitsgerichtsbarkeit bedarf oder ob die Arbeitsgerichtsbarkeit als Teil der ordentlichen Gerichtsbarkeit vorstellbar ist. Ob letztlich eine eigenständige Arbeitsgerichtsbarkeit erhalten bleibt, ist eine politische Frage, die durch den Gesetzgeber und nicht durch die betroffene Richterschaft selbst zu entscheiden ist. Allerdings ist der Gesetzgeber gut beraten, auch deren Argumente zu hören. Ziel der Ausführungen ist es darzustellen, an welcher Stelle die Eingangsinstanz der Arbeitsgerichtsbarkeit verändert werden kann, um damit eine moderne eigenständige Arbeitsgerichtsbarkeit beibehalten zu können, ohne sich einer erforderlichen Modernisierung zu verschließen.

Die folgenden Ausführungen befassen sich zunächst mit Veränderungen im vorgerichtlichen Bereich (dazu II.). Daran schließt sich der eigentliche Hauptteil mit Betrachtungen zum arbeitsgerichtlichen Verfahren erster Instanz (dazu III.) an und wird abgerundet durch einen Blick auf die Rechtsmittelinstanzen (dazu IV.).

## II. Streitschlichtung vor Beschreiten des Rechtsweges

3 Ein seit geraumer Zeit diskutierter Weg zur Modernisierung der Justiz insgesamt und insbesondere zu ihrer Entlastung, ist die Förderung der außergerichtlichen Streit-

* Dr. Günter Spinner, Richter am Arbeitsgericht Freiburg.

beilegung[1]. Dahinter steckt zum einen die Überlegung, daß der Prozeß, welcher nicht stattfindet, wohl der beste ist, und zum anderen aber auch die Erkenntnis, daß sowohl das geltende Prozeßrecht wie auch das materielle Recht regelmäßig nur das „Alles-oder-Nichts-Prinzip" kennen, nicht aber tragfähige Kompromißlösungen anbieten[2]. Zwischenzeitlich hat sich allgemein die Erkenntnis durchgesetzt, daß die gütliche Streitbeilegung, sei es vor Beginn oder innerhalb des Prozesses, förderungswürdig ist[3]. Im arbeitsgerichtlichen Verfahren ist dieser Gedanke mit der Güteverhandlung nach § 54 ArbGG institutionalisiert.

Für den Bereich der ordentlichen Zivilgerichtsbarkeit wurden beide Wege durch gesetzgeberische Maßnahmen abgesichert. So wurde 1999 die Vorschrift des § 15a EGZPO geschaffen. Diese landesrechtliche Öffnungsklausel hat den Sinn, die staatlichen Gerichte von „Bagatellstreitigkeiten" zu verschonen[4]. Darüber hinaus hat der Gesetzgeber durch das Gesetz zur Reform des Zivilprozeßrechts im Jahr 2001[5] für die Zivilgerichte eine Güteverhandlung eingeführt, § 278 Abs. 2 ZPO. Dieser Güteversuch nach § 278 Abs. 2 ZPO ist auf die Fälle beschränkt, bei denen nicht bereits zuvor ein Verfahren nach § 15a EGZPO i.V.m. den entsprechenden landesrechtlichen Vorschriften durchgeführt wurde. Darüber hinaus ist die Güteverhandlung dergestalt eingeschränkt, daß eine solche nicht stattfindet, wenn sie erkennbar aussichtslos ist. Damit bleibt die Güteverhandlung nach § 278 Abs. 2 ZPO hinter der des § 54 ArbGG zurück[6]. **4**

Auch für den Bereich der Verwaltungsgerichtsbarkeit[7] und der Sozialgerichtsbarkeit[8] wird zwischenzeitlich die Mediation als sinnvolles Instrument der Streitbeilegung angesehen.

1 Vgl. etwa *Leutheusser-Schnarrenberger*, Wege zur Justizentlastung – Erkenntnisse aus der Strukturanalyse der Rechtspflege (SAR), NJW 1995, 2441, 2444 ff.

2 Vgl. etwa für den Fall eines Kündigungsschutzprozesses *Henkel*, Elemente der Mediation im arbeitsgerichtlichen Verfahren, dargestellt am Modell des Kündigungsschutzprozesses, NZA 2000, 929 ff.

3 Zur Geschichte des Gütegedankens im Zivilprozeß vgl. *Kramer*, Die Güteverhandlung – Prozessuale Schlichtung in Arbeitssachen, Univ. Diss. Freiburg (1998), 1999, S. 63 ff.

4 *Lauer*, Erfahrungen mit der außergerichtlichen Streitbeilegung in Ausführung des § 15a EGZPO, NJW 2004, 1280 ff.

5 Gesetz zur Reform des Zivilprozesses (Zivilprozeßreformgesetz – ZPO-RG) vom 27.07.2001 BGBl. I 1887, geändert BGBl. I 3138.

6 Das arbeitsgerichtliche Verfahren beginnt sei jeher zumindest im Urteilsverfahren mit einer Güteverhandlung i.S.d. § 54 ArbGG. Dieses Instrumentarium hat sich in den vergangenen Jahrzehnten auch bewährt und eine Vielzahl der Rechtsstreitigkeiten können in diesem frühen Stadium des arbeitsgerichtlichen Verfahrens einer gütlichen Beilegung zugeführt werden.

7 Vgl. *Ortloff*, Mediation außerhalb und innerhalb des Verwaltungsprozesses, NVwZ 2004, 385 ff.; *Walther*, Richter als Mediatoren – Ein Modellprojekt in der hessischen Verwaltungsgerichtsbarkeit, DRiZ 2005, 127 ff.

8 *Dürschke*, 50 Jahre Sozialgerichtsbarkeit als besondere Verwaltungsgerichtsbarkeit – vor dem Ende?, NZS 2004, 302, 304 ff.; *ders.* Mediation – ein Weg im sozialgerichtlichen Verfahren, Die Sozialgerichtsbarkeit 2001, 532 ff.

5 Im Bereich der Arbeitsgerichtsbarkeit mehren sich nunmehr ebenfalls die Stimmen, die eine verstärkte Förderung der außergerichtlichen Streitbeilegung zum Gegenstand haben[9]. Gesetzgeberische Maßnahmen zur Förderung der außergerichtlichen Streitbeilegung sind kaum[10] und im laufenden Prozeß lediglich für die Beschlußverfahren durch die Einfügung des § 80 Abs. 2 Satz 2 ArbGG festzustellen[11]. Dies mag auch damit in Zusammenhang stehen, daß die Arbeitsgerichte in besonderem Maße die gütliche Streitbeilegung betreiben[12]. Die hohe Zahl der Vergleiche in arbeitsrechtlichen Streitigkeiten vermag die bislang seitens des Gesetzgebers geübte Zurückhaltung der Förderung der außergerichtlichen Streitbeilegung in Arbeitssachen begründen. Gleichwohl ist auch für den Bereich des Arbeitsrechtes eine Verstärkung der außergerichtlichen Streitbeilegung bzw. Mediation angezeigt.

Insoweit sind zwei große Bereiche zu unterscheiden: Zum einen der Bereich des individualrechtlichen (dazu unten 1.) und der Bereich der kollektiven Rechtsstreitigkeiten und dort insbesondere der betriebsverfassungsrechtlichen Streitigkeiten (dazu unten 2.). Des weiteren kann auch nach Beschreiten des Rechtsweges eine Mediation sinnvoll sein (dazu unten 3.).

## 1. Individualrechtliche Streitigkeiten

6 Das geltende Arbeitsgerichtsgesetz schiebt der verfaßten außergerichtlichen Streitbeilegung durch §§ 101 ff. ArbGG und § 111 ArbGG in gewissem Maß einen Riegel vor. § 101 Abs. 3 ArbGG schließt für den Bereich des Arbeitsrechtes die Anwendung des schiedsrichterlichen Verfahrens nach §§ 1025 ff. ZPO vollständig aus. Eröffnet ist dieser Weg lediglich für Streitigkeiten zwischen Tarifvertragsparteien (§ 101 Abs. 1 ArbGG) und für Streitigkeiten für bestimmte Beschäftigtengruppen, wie etwa Bühnenkünstler, Filmschaffende, Artisten oder Kapitäne und Besatzungsmitglieder (§ 101 Abs. 2 ArbGG). Daneben bietet § 111 Abs. 2 ArbGG die

9 Vgl. etwa *Lempke*, Staatliche Schlichtung in Arbeitsstreitigkeiten nach dem Kontrollratsgesetz Nr. 35 – Relikt der Besatzungszeit oder Modell für Mediation im Arbeitsrecht? RdA 2000, 223 ff.; für den Bereich des kollektiven insbesondere Betriebsverfassungsrechtes vgl. *von Hoyningen-Huene*, Streitschlichtung im Betrieb, NZA 1987, 577; aus jüngerer Zeit *Kramer*, Mediation als Alternative zur Einigungsstelle im Arbeitsrecht? NZA 2005, 135.

10 Mit dem seit 1.1.2004 in Kraft befindlichen § 1a KSchG hat der Gesetzgeber einen kleinen, zaghaften Schritt in die Richtung außergerichtlicher Streitbeilegung in Kündigungsrechtsstreiten unternommen.

11 Kritisch hierzu *Germelmann*, Neue Prozessuale Probleme durch das Arbeitsgerichtsbeschleunigungsgesetz, NZA 2000, 1117, 1124.

12 Ausweislich des Statistischen Jahrbuchs für die BRD sind im Jahr 2003 bei Deutschen Arbeitsgerichten insgesamt 630.666 Klagen im Urteilsverfahren anhängig geworden. Im gleichen Jahr wurden 635.772 Klagen erledigt, davon 299.310 durch Vergleich. Im gleichen Zeitraum wurden von den im Jahr 2003 erledigten 22.344 Berufungsverfahren nochmals 7.948 durch Vergleich erledigt. Allerdings ist insoweit zu berücksichtigen, daß sich unter der Erledigungsart „auf sonstige Weise“ eine Vielzahl von Erledigungen außerhalb des Rechtsstreites durch außergerichtliche vergleichsweise Beilegung des Rechtsstreites verbergen, so daß insgesamt von einer weit höheren gütlichen Erledigungsquote auszugehen ist, als es die reinen, statistisch erfaßten Vergleiche widerspiegeln.

Möglichkeit, zur Beilegung von Streitigkeiten zwischen Ausbildenden und Auszubildenden aus einem bestehenden Berufsausbildungsverhältnis Schlichtungsausschüsse zu bilden.

### a. Verstärkung außergerichtlicher Streitbeilegung durch Schlichtungsausschüsse nach § 111 Abs. 2 ArbGG.

Schlichtungsausschüsse nach § 111 Abs. 2 ArbGG sind nach der derzeitigen **7** Rechtslage freiwillig. Es steht den zuständigen Ausbildungsträgern frei, einen solchen Ausschuß einzurichten oder auf dessen Einrichtung zu verzichten[13]. Wenn und soweit ein entsprechender Schlichtungsausschuß in Berufsausbildungsstreitigkeiten eingerichtet ist, steht einer unmittelbaren Anrufung des Arbeitsgerichtes die Einrede des bestehenden Schlichtungsausschusses entgegen. Solange das Verfahren vor dem Ausschuß nicht durchgeführt und damit beendet ist, kann das Arbeitsgericht nicht angerufen werden. Eine gleichwohl erhobene Klage ist unzulässig, denn die Anrufung eines bestehenden Schlichtungsausschusses ist nach allgemeiner Auffassung Prozeßvoraussetzung für die folgende arbeitsgerichtliche Klage[14]. Teilweise wird die Regelung des § 111 Abs. 2 ArbGG als nicht mehr zeitgemäß angesehen und deren Abschaffung empfohlen[15].

Die an der Regelung des § 111 Abs. 2 ArbGG geübte Kritik, gründet in der **8** Schwierigkeit für die betreffenden Parteien festzustellen, ob das Arbeitsgericht direkt angerufen werden kann oder ob zunächst ein entsprechendes Schlichtungsverfahren durchzuführen ist. Dies hat nicht zuletzt in Bestandsschutzstreitigkeiten immense Bedeutung, denn im Falle des Bestehens eines solchen Ausschusses ist nach wohl überwiegender Meinung die Wahrung der Drei-Wochen-Klagefrist des § 4 KSchG für die Anrufung des Schlichtungsausschusses nicht maßgeblich. Besteht ein solcher Schlichtungsausschuß jedoch nicht, so ist zwingend die Klagefrist des § 4 KSchG zu beachten[16]. Oftmals wissen die Auszubildenden und ihre Bevollmächtigten nicht, ob ein Schlichtungsausschuß besteht. In der Praxis ergibt sich häufig die Situation, daß der gekündigte Auszubildende zunächst Klage zum Arbeitsgericht erhebt. Erst durch einen richterlichen Hinweis betreffend das Erfordernis der vorrangigen Durchführung des Verfahrens vor dem Schlichtungsausschuß, erfahren die Parteien von dessen Existenz.

Die vermeintliche schwierige Rechtslage betreffend der Schlichtungsausschüsse nach **9** § 111 Abs. 2 ArbGG darf jedoch nicht dazu führen, daß diese abgeschafft werden. Viel eher sollte der Gesetzgeber darüber nachdenken, ob er die, die Ausbildung tragenden Selbstverwaltungskörperschaften (Handwerkskammer, Industrie- und Handelskammern, Ärztekammern, Rechtsanwaltskammern etc.), nicht zur Einrichtung solcher Ausschüsse verpflichten sollte. Die unbefriedigende Situation im Bereich des § 111 Abs. 2 ArbGG besteht vorrangig darin, daß solche Schlichtungs-

13 *Germelmann/Matthes/Prütting/Müller-Glöge*, 5. Aufl. (2004), § 111 ArbGG, Rn. 12.
14 Vgl. statt vieler *Germelmann/Mattes/Prütting/Müller-Glöge*, 5. Aufl. (2004), § 111 ArbGG, Rn. 19.
15 Vgl. ausdrücklich *Germelmann/Matthes/Prütting/Müller-Glöge*, 5. Aufl. (2004), § 111 ArbGG, Rn. 11.
16 Vgl. *Löwisch/Spinner*, 9. Aufl. (2004), § 4 KSchG, Rn. 30 m. zahlreichen Nachw. aus der Rspr.

ausschüsse eben nicht für alle Berufe eingerichtet sind. Müßten solche Schlichtungsausschüsse jedoch zwingend eingerichtet werden, so wären sie auch jeweils vorrangig anzurufen. Dies hätte zwar nicht die Entlastungswirkung auf die Arbeitsgerichte i.S., daß Dutzende oder gar Hunderte von Verfahren jährlich für jeden Richter entfielen, jedoch wäre es eine nicht zu vernachlässigende Zahl. Die Mitglieder eines solchen Ausschusses sind regelmäßig sachnäher als die Arbeitsrichter und können gelöst vom materiellen und Prozeßrecht tragfähige Kompromisse erarbeiten[17].

### b. Einrichtung von Schlichtungskommissionen durch die Tarifvertragsparteien

**10** Das System der außergerichtlichen Streitbeilegung kennt im arbeitsgerichtlichen Verfahren darüber hinaus in den Grenzen der §§ 101 ff. ArbGG auch noch einen anderen Ansatz, der nicht außer acht bleiben darf. Zahlreiche Tarifverträge sehen unter nahezu vollständiger Ausschließung des staatlichen Rechtsweges, die Anrufung von paritätischen Kommissionen bzw. Schlichtungskommissionen vor. So ist etwa in § 7 des Entgeltrahmentarifvertrages für die Beschäftigen in der Metall- und Elektroindustrie Baden-Württemberg ein besonderes Verfahren zur Ermittlung der Eingruppierung vorgesehen, welches nahezu vollständig die Anrufung staatlicher Gerichte ausschließt. Der Gedanke der tarifvertraglichen Schlichtung ist - abgesehen von den Fragen der Eingruppierung und den besonderen Verfahren für den Bereich der Bühnenkünstler, Filmschaffenden, Artisten oder Kapitäne - nach § 101 Abs. 2 ArbGG nicht besonders entwickelt.

**11** Vorstellbar ist, die tarifvertragliche Schlichtung auszudehnen. Zur Rechtssetzungsmacht der Tarifvertragsparteien gehört es, auch prozessuale Normen zu setzen[18]. Allerdings ist diese Rechtssetzungsbefugnis der Tarifvertragsparteien eingeschränkt. Eine solche Einschränkung ergibt sich etwa aus § 101 Abs. 2 ArbGG. Über den dort genannten Kreis hinaus steht den Tarifvertragsparteien nach dem geltenden Recht eine weitergehende Normsetzungsbefugnis betreffend prozeßualer Normen hinsichtlich des Ausschlusses der staatlichen Gerichtsbarkeit nicht zu. Überlegenswert wäre, den § 101 Abs. 2 ArbGG zu erweitern und den Tarifvertragsparteien eine Möglichkeit zu geben, über den genannten Arbeitnehmerkreis des § 101 Abs. 2 ArbGG hinaus, tarifliche Schiedsgerichte vorzusehen. Dies ist nichts völlig Neues. Der Tarifvertrag zur Beschäftigungssicherung zwischen IG Metall, Bezirk Baden-Württemberg, und Südwestmetall etwa sieht in § 2.6 die Einschaltung einer tariflichen Schlichtungsstelle bei Beschäftigungsproblemen vor. Über § 3 dieses Tarifvertrages gilt dies auch bei der Frage der Übernahmeverpflichtung von Auszubildenden im Anschluß an die Berufsausbildung.

---

17 Aus meiner eigenen Praxiserfahrung kann ich jedoch feststellen, daß sich diese Verfahren sämtlich innerhalb weniger Monate – meist durch Klagrücknahme – erledigen, denn regelmäßig findet der Schlichtungsausschuß eine für beide Parteien tragfähige Lösung, was nicht zuletzt auch darauf zurückgeführt werden kann, daß es dem Schlichtungsausschuß gelingt, den Auszubildenden in ein anderes Ausbildungsverhältnis zu vermitteln.

18 *Löwisch/Rieble*, 2. Aufl. (2004), § 1 TVG Rn. 146 ff.

### c. Betriebliche Schlichtungsstellen

Denkbar wäre schließlich auch, daß eine Möglichkeit geschaffen wird, vor Anrufung des staatlichen Gerichtes eine von Arbeitgeber und Betriebsrat eingerichtete Stelle anzurufen[19]. Eine solche Einrichtung könnte allerdings nur auf freiwilliger Basis erfolgen, da das geltende Betriebsverfassungsgesetz eine Regelungskompetenz der Betriebsparteien in diesem Bereich nicht vorsieht. Die Einrichtung solcher verfaßter Schlichtungsstellen wäre allerdings mit der Gefahr verbunden, die Betriebsparteien zu überlasten und das betriebsverfassungsrechtliche Gebot der vertrauensvollen Zusammenarbeit gem. § 2 Abs. 1 BetrVG durch die Hinzufügung individualrechtlicher Streitigkeiten einer unnötigen Belastungsprobe auszusetzen. 12

### d. Stärkung der außergerichtlichen Streitbeilegung durch die Arbeitsvertragsparteien selbst

Sehr viele Rechtsstreitigkeiten werden dadurch vermieden, daß Arbeitnehmer und Arbeitgeber selbst einen drohenden Rechtsstreit einvernehmlich abwenden. Dieses Ziel verfolgt auch der mit Wirkung vom 1.1.2004 eingeführte § 1a KSchG für den Bereich des Kündigungsrechts. Auch das Rechtsanwaltsvergütungsgesetz hat durch die Schaffung der Einigungsgebühr dieses Ziel verfolgt. Für den zahlenmäßig besonderes relevanten Bereich des Kündigungsschutzrechts stellt jedoch § 144 SGB III ein besonders Hemmnis für außergerichtliche Lösungen dar. § 144 Abs. 1 Nr. 1 Alt. 1 SGB III in der Auslegung des Bundessozialgerichts steht der außergerichtlichen Verständigung in Bestandsschutzstreitigkeiten entgegen[20]. Seit das Urteil des Bundessozialgerichts vom 18.12.2003[21] veröffentlicht ist, scheuen viele Anwälte aus verständlichen Gründen eine außergerichtliche Streitbeilegung eines Kündigungsrechtsstreites. Will der Gesetzgeber für den Bereich des Arbeitsrechtes eine außergerichtliche Streitbeilegung gerade auch für den besonderes wichtigen Bereich der Kündigungsschutzrechtsstreite fördern, so muß er den Abwicklungsvertrag aus dem Anwendungsbereich des § 144 SGB III explizit ausnehmen. 13

## 2. Kollektive Streitigkeiten, insbesondere betriebsverfassungsrechtliche Streitigkeiten

Die außergerichtliche Streitbeilegung sollte jedoch nicht nur auf den Bereich des Individualarbeitsrechtes beschränkt bleiben. Auch im Bereich des kollektiven 14

19 Nach der Konzeption der Gesetze einiger deutscher Länder nach 1945 nahm der Betriebsrat vor allem im Kündigungsschutz eine Mittlerposition zwischen Arbeitgeber und Arbeitnehmer ein. Vgl. hierzu ausführlich *Wiesenecker*, Arbeitsrecht der Länder im Nachkriegsdeutschland, Univ. Diss. Freiburg 2005, insbesondere S. 52 ff.

20 BSG Urteil vom 18.12.2003 – B 11 AL 35/03 R – SozR 4-4300 § 144 Nr. 6 = NZA 2004, 661 = DB 2004, 1514 = EzA § 144 SGB III Nr. 4. Vgl. auch *Bauer/Krieger*, Das Ende der außergerichtlichen Beilegung von Kündigungsstreitigkeiten?, NZA 2004, 640 ff., die zu Recht darauf hinweisen, daß durch die vorgenannte Entscheidung des Bundessozialgerichts auf die Arbeitsgerichte zusätzliche Arbeit zukommt.

21 BSG Urteil vom 18.12.2003 – B 11 AL 35/03 R – SozR 4-4300 § 144 Nr. 6 = NZA 2004, 661 = DB 2004, 1514 = EzA § 144 SGB III Nr. 4.

Arbeitsrechtes bieten sich solche Lösungsmechanismen an. Hier sind zum einen die tarifliche und zum anderen die betriebsverfassungsrechtliche Seite zu unterscheiden.

### a. Außergerichtliche Streitschlichtung im Tarifrecht

**15** Soweit es die außergerichtliche Streitbeilegung im Rahmen tarifrechtlicher Auseinandersetzungen einschließlich des Arbeitskampfrechtes angeht, sehen die Tarifvertragsparteien selbst regelmäßig Schlichtungsmöglichkeiten vor. Zusätzlich zu den entsprechenden Tarifverträgen gibt es darüber hinaus das nach wie vor fortgeltende Kontrollratsgesetz Nr. 35[22]. Große Entlastungen der Arbeitsgerichte durch weitere Schlichtungsmaßnahmen in diesem Bereich sind allerdings nicht zu erwarten, denn die Gesamtzahl der arbeitskampfrechtlichen Streitigkeiten im Verhältnis zu Vergütungs- und Kündigungsschutzverfahren sind vergleichsweise gering und eher zu vernachlässigen.

### b. Außergerichtliche Streitschlichtung im Betriebsverfassungsrecht

**16** Für den Bereich des Betriebsverfassungsrechtes hält das geltende Recht einen seit langer Zeit erprobten Weg außergerichtlicher Streitschlichtung bereit, die Einigungsstelle gem. § 76 BetrVG. Allerdings ist die Einigungsstelle gerade von Arbeitgeberseite immer wieder Kritik ausgesetzt. Die betriebsverfassungsrechtliche Einigungsstelle wird wegen ihrer Schwerfälligkeit oft kritisiert[23], nicht zuletzt auch wegen der Schwierigkeiten, geeignete Personen für den Vorsitz zu finden[24]. Daneben werden selbstverständlich auch die nicht zu vernachlässigenden Kosten einer solchen Einigungsstelle angeprangert[25].

**17** Übersehen wird dabei oft, daß gem. § 76 Abs. 8 BetrVG die Möglichkeit besteht, an die Stelle der gesetzlichen Einigungsstelle eine tarifliche Schlichtungsstelle treten zu lassen. Tarifverträge können Regelungen treffen, innerhalb welcher Zeit die Schlichtungsstelle tätig werden muß, verbindlich die Beisitzerzahl Bfestschreiben und darüber hinaus Vergütungsfragen regeln. Schließlich ist es auch denkbar, Regelungen betreffend der Person des Vorsitzenden vorzusehen. § 2.6 des Tarifvertrages zur Beschäftigungssicherung zwischen der IG Metall, Bezirk Baden-Württemberg, und Südwestmetall sieht vor, wenn ein Vorsitzender nicht einvernehmlichen gefunden wird, daß der Präsident des Landesarbeitsgerichts Baden-Württemberg einen Vorsitzenden bestimmt.

**18** Vorstellbar wäre aber auch, daß bei den örtlich zuständigen Arbeitsgerichten das jeweilige Präsidium eine Liste denkbarer Vorsitzender erstellt und im Falle einer

22 Vgl. insgesamt hierzu *Lempke*, Staatliche Schlichtung in Arbeitsstreitigkeiten nach dem Kontrollratsgesetz Nr. 35 – Relikt der Besatzungszeit oder Modell für Mediation im Arbeitsrecht?, RdA 2000, 223 ff.

23 *Bauer*, Einigungsstellen – Ein ständiges Ärgernis, NZA 1992, 433 ff.

24 Vgl. *Bauer*, NZA 1992, 433, 434.

25 Auch zu diesem Aspekt vgl. *Bauer*, Einigungsstellen – Ein ständiges Ärgernis, NZA 1992, 433, 434 ff.

Nichteinigung von dieser Liste ein Vorsitzender eingesetzt wird. Es wäre auch nicht ausgeschlossen, entsprechende gesetzliche und tarifvertragliche Regelungen vorausgesetzt, daß die Übernahme des Vorsitzes einer Schlichtungs- oder Einigungsstelle zu den Dienstaufgaben der Arbeitsrichter hinzugefügt wird. In diesem Fall wäre es dann auch möglich, daß letzten Endes die Vorhaltung der Vorsitzenden zu einer staatlichen Aufgabe wird, für deren Inanspruchnahme Gebühren an die Staatskasse zu entrichten sind. Denkbar wäre also etwa, daß das Präsidium des Arbeitsgerichtes eine gewisse Anzahl von Vorsitzenden bestimmt, welche entsprechende Einigungsstellen als dienstliche Aufgaben wahrnehmen und dafür in anderen Verfahren entlastet werden. Auch ist insoweit zu beachten, daß nicht eine unzulässige Begrenzung des Personenkreises für die Übernahme von Einigungsstellen eintritt. Allerdings tagen mehr als 90% aller Einigungsstellen unter dem Vorsitz von Arbeitsrichtern. Soweit es die von den Beteiligten dieser Einigungs- oder Schlichtungsstelle zugezogenen Rechtsanwälte angeht, wäre auch an eine Einführung eines gesonderten Gebührentatbestandes im Rechtsanwaltsvergütungsgesetz zu denken, um damit insgesamt letztlich die Kosten einer Einigungsstelle kalkulierbar zu machen. Auch alternative Streitschlichtungsmodelle wären denkbar[26].

### 3. Weitere verfaßte Mediation nach Beschreiten des Rechtsweges

Über die beschriebenen Veränderungen im vorgerichtlichen Bereich wäre aber auch **19**
nach Beschreiten des Rechtsweges eine Mediation denkbar. Nach § 57 Abs. 2 ArbGG soll das Gericht in jeder Lage des Verfahrens versuchen, eine gütliche Erledigung des Rechtsstreites herbeizuführen. Mit der obligatorischen Güteverhandlung nach § 54 ArbGG steht sicherlich bereits ein äußerst wirkungsvolles Instrumentarium zur Verfügung. Dadurch haben die Parteien bereits in einem sehr frühen Stadium des gerichtlichen Verfahrens - regelmäßig nur wenige Tage oder Wochen nach Einreichung einer Klage - die Möglichkeit, ihre Sicht der Dinge einem Richter zu erläutern.

Dies ist für viele Parteien ein besonders wichtiger Umstand. Gerade in Kündigungs- **20**
schutzstreitigkeiten aber auch in anderen Streitigkeiten bei den Arbeitsgerichten ist der Dreh- und Angelpunkt, aus dem der Rechtsstreit entsteht, das die Parteien verbindende Arbeitsverhältnis. Häufig ist ein konkreter Streitpunkt, der Gegenstand des Rechtsstreites ist, nur kleiner Ausschnitt eines ganzen Problembündels. Die Ausführungen der Parteien selbst mögen nicht zwingend entscheidungserhebliche Punkte zum Gegenstand haben. Im Sinne einer dauerhaften Befriedung ist es jedoch oft genug unabweislich notwendig auch Umstände außerhalb des Rechtsstreites in Erwägung zu ziehen. Die insoweit zu beachtende Besonderheit des Arbeitsgerichtsverfahrens ist das Arbeitsverhältnis selbst. Von allen anderen Dauerschuldverhältnissen ist es mit Sicherheit das Dauerschuldverhältnis, welches das Leben der beteiligten Personen in besonderem Maße prägt.

26 Vgl. etwa *Zieck,* in: 50 Jahre Bundesarbeitsgericht, 2004, Interne Schlichtung zur Vermeidung von Arbeitsgericht und Einigungsstelle, S. 1329 ff.; *Kramer*, Mediation als Alternative zur Einigungsstelle im Arbeitsrecht?, NZA 2005, 135 ff.

**21** Gegen weitere verfaßte Zwischenschritte könnte angeführt werden, daß dadurch eine Verzögerung des Rechtsstreites eintreten würde. Das arbeitsgerichtliche Verfahren steht gem. § 9 Abs. 1 ArbGG unter dem allgemeinen arbeitsrechtlichen Beschleunigungsgrundsatz. Für Bestandsschutzsachen wird dies durch § 61a ArbGG nochmals besonders herausgestellt. Selbstverständlich gilt für alle Gerichtsbarkeiten, daß Verfahren beschleunigt zu erledigen sind. Gerade aber in arbeitsrechtlichen Auseinandersetzungen ist es für beide Parteien unabweisbar wichtig, daß sie zügig Rechtssicherheit erfahren. Dies darf bei Einführung einer Mediation zwischen Güte- und Kammerverhandlung nicht unberücksichtigt bleiben.

Schließlich muß es für die Parteien eines Rechtsstreites möglich bleiben, diesen durch Urteil entschieden zu bekommen. Eine zwischengeschaltete Mediation darf nicht dazu führen, daß den Parteien der Weg zum Urteil „erschwert" wird. Es ist „auch" Aufgabe der Gerichte, Rechtsstreitigkeiten durch Urteil zu entscheiden.

**22** Gleichwohl ist es bedenkenswert zwischen Gütetermin und Kammerverhandlung eine Mediation zwischenzuschalten. Oft genug dauert es leider mehrere Monate bis zur Kammerverhandlung. Bereits durch das Arbeitsgerichtsbeschleunigungsgesetz[27] hat der Gesetzgeber durch die Einfügung des § 54 Abs. 1 Satz 5 ArbGG die Möglichkeit eines sog. „Zweiten Gütetermins" gesetzlich abgesichert. Seither kann der Gütetermin im Einverständnis mit den Parteien in einem alsbaldigen Termin fortgesetzt werden. Diese Möglichkeit steht jedoch einzig zur Disposition der Parteien und kann gegen ihren Willen nicht durchgesetzt werden. Insoweit wäre denkbar, anstatt einer zweiten Güteverhandlung vor dem zuständigen Vorsitzenden, das Verfahren an einen besonders geschulten Mediator abzugeben. Dieser könnte dann mit den Parteien den Rechtsstreit ausführlich erörtern, ohne dabei den Zwängen eines zur Entscheidung berufenen Richters ausgesetzt zu sein. Eine Mediation im laufenden Rechtsstreit kann sicherlich nur im Einverständnis mit den Parteien erfolgen und muß, damit keine Verfahrensverzögerung eintritt, sehr zeitnah erfolgen. Dann könnte eine solche Mediation anstelle eines zweiten Gütetermins sicherlich zur zügigen Befriedung beitragen.[28]

## III. Anforderungen an das Prozeßrecht in erster Instanz

**23** Der nun folgende Teil befaßt sich mit der Frage, welche gesetzlichen Änderungen im Bereich des Arbeitsgerichtsgesetz und der Zivilprozeßordnung aus Sicht eines Richters der ersten Instanz wünschenswert sind, um eine effiziente arbeitsgerichtliche Rechtsprechung auch in Zukunft sicherzustellen. Dazu gehören zum einen die Frage der Befugnisse des Vorsitzenden und damit der Spruchkörperbesetzung (dazu 1.), Fragen betreffend das Recht der Prozeßkostenhilfe und der Beiordnung nach § 11a ArbGG (dazu 2.), mögliche Änderungen im Bereich der örtlichen Zuständigkeit (dazu

27 Gesetz vom 30.3.2000, BGBl. I, 2000, S. 333.

28 Die Balanced Scorecard einer Arbeitsgerichtsbarkeit hilft das Mediationsverfahren in ein systemgerechtes Gesamtprogramm zu integrieren, *Francken*, Das Neue Steuerungsmodell und die Arbeitsgerichtsbarkeit, NZA 2003, 457, 462 m.w.N. in Fn. 89.

unten 3.a.) und die Konzentration des Sonderkündigungsschutzes bei den Gerichten für Arbeitssachen (dazu unten 3.b.).

## 1. Befugnisse der Vorsitzenden / Besetzung des Spruchkörpers

### a. Beibehaltung der ehrenamtlichen Richter

Dieser Gesichtspunkt ist eng mit dem Beschleunigungsgesichtspunkt verbunden. **24**
Bekanntermaßen werden die Rechtsstreite beim Arbeitsgericht von den Vorsitzenden vorbereitet, aber durch die Kammer erledigt. Immer wieder wird das System der „Laienbeteiligung an der Rechtsfindung" in Frage gestellt[29]. Insoweit ist jedoch ein Modernisierungsbedürfnis dergestalt, daß man auf die ehrenamtlichen Richter verzichtet, nicht ersichtlich[30]. Sicher ist, daß die Beteiligung der ehrenamtlichen Richter nicht nur für den Staatshaushalt aufgrund der Erstattung der Reisekosten wie auch des Verdienstausfalles mit Belastungen, sondern auch für die ehrenamtlichen Richter mit finanziellen Einbußen und Zeitverlust verbunden ist. Allerdings ist die Qualität der Tätigkeit der ehrenamtlichen Richter sehr hoch. Sie werden von den sie vorschlagenden Verbänden geschult und finden sich Stück für Stück in ihr Amt ein[31]. Die ehrenamtlichen Richter bei den Gerichten für Arbeitssachen sind alles andere als „Laienrichter" im Sinne fehlender Rechtskenntnisse. Die ehrenamtlichen Richter sind aufgrund der gesetzlichen Vorgaben der §§ 21 ff. ArbGG am Arbeitsleben beteiligt. Sie sind tagtäglich in den Unternehmen und bringen ihre dort gemachten Erfahrungen ein. Auf der anderen Seite nehmen sie aber auch ihre bei Gericht gewonnenen zusätzlichen Rechtskenntnisse mit zurück in ihre tägliche Arbeit.

Die Unterstützung durch die ehrenamtlichen Richter ist besonders wichtig. Gerade **25**
für berufsrichterliche Neueinsteiger erweist es sich als hilfreich, nicht nur die berufsrichterlichen Kollegen zu Rate ziehen zu können, sondern sich sowohl in der Beratung als auch in der Verhandlung der Unterstützung durch die ehrenamtlichen Richter sicher sein zu können. Die Beteiligung der ehrenamtlichen Richter fördert auch in besonderem Maß die gütliche Streitbeilegung im Kammertermin. Ein Vergleichsvorschlag, welchen der Vorsitzende namens der Kammer unterbreitet und der im Rahmen der sich anschließenden Diskussion von den ehrenamtlichen Richtern nochmals mit deren eigenen Worten erläutert wird, stößt auf weit größere Akzeptanz als ein Vergleichsvorschlag, den der Berufsrichter unterbreitet. Auch finden die Urteile, die durch die Kammer gefällt werden, ein höheres Maß an Akzeptanz. Nicht zuletzt schult die Beteiligung der ehrenamtlichen Richter auch jeden Berufsrichter

29 Allgemein zu den „Laienrichtern": *Windel*, Soll am Laienrichterwesen festgehalten werden?, ZZP 112, 293 ff.; *Vultejus/Volk*, Stärkung der Rolle der Schöffen, ZRP 2004, 63. Für den Bereich der Arbeitsgerichte *Binkert/Eylert*, Beteiligung der ehrenamtlichen Richter in der Güteverhandlung vor dem Arbeitsgericht, NZA 1989, 872 ff.

30 Ausdrücklich für die Beibehaltung der ehrenamtlichen Richter in der Arbeitsgerichtsbarkeit *Wagner*, Soll es weiter ehrenamtliche Richter geben?, DRiZ 2005, 118, 119.

31 Es soll nicht verschwiegen werden, daß es, wenn auch wenige, ehrenamtliche Richter gibt, die nur bedingt den Anforderungen ihres Amtes gerecht werden.

darin, seine eigene Auffassung in verständlichen Worten darzustellen und den eigenen Blick zu schärfen. Die ehrenamtlichen Richter bringen aus ihrer täglichen Praxis viele Kenntnisse mit, die für das Verständnis des Falles, etwa betreffend technischer Fertigungsabläufe und betrieblicher Gegebenheiten, unabdingbar sind und nicht selten Sachverständige überflüssig machen.

### b. Erweiterung des Kataloges nach § 55 Abs. 1 ArbGG

**26** Im Sinne einer Effizienzsteigerung wäre an eine Erweiterung der Befugnisse der Vorsitzenden zu denken. Durch das Arbeitsgerichtsbeschleunigungsgesetz 2000[32] wurde der Katalog der Alleinentscheidungsbefugnis nach § 55 Abs. 1 ArbGG um die Entscheidung über die örtliche Zuständigkeit und die Aussetzung des Verfahrens erweitert. Neben § 55 Abs. 1 ArbGG tritt noch die Möglichkeit des § 55 Abs. 3 ArbGG, wonach die Parteien in der Güteverhandlung den Übergang in die streitige Verhandlung und Entscheidung durch den Vorsitzenden alleine beantragen können.

**27** Der Katalog des § 55 Abs. 1 ArbGG sollte erweitert werden. Aus Praktikersicht erfreulich war die Einführung der Möglichkeit, über die örtliche Zuständigkeit als Vorsitzender alleine zu entscheiden. Allerdings sollte § 55 Abs. 1 ArbGG auch auf die Frage der Zulässigkeit des beschrittenen Rechtsweges und der Verfahrensart ausgedehnt werden. Bei der Prüfung der Zulässigkeit des beschrittenen Rechtsweges und der Verfahrensart geht es vorrangig darum, den Rechtsstreit in einem möglichst frühen Verfahrensstadium in den richtigen Rechtsweg bzw. die richtige Verfahrensart zu stellen. Regelmäßig werden zumindest die Rechtswegentscheidungen ohne mündliche Verhandlung vor der Kammer entschieden. Nicht gerade selten werden die entsprechenden Beschlüsse vom Vorsitzenden bereits vorab ausgearbeitet und nach mehr oder minder ausführlicher Diskussion durch die Kammer unterzeichnet.

**28** Ähnliches gilt auch für die Frage der Entscheidung über die nachträgliche Klagezulassung nach § 5 Abs. 4 KSchG. Zwar ist es nach Teilen der Rechtsprechung bislang bereits möglich, eine Alleinentscheidung des Vorsitzenden in Fällen der nachträglichen Klagezulassung gem. § 55 Abs. 3 ArbGG herbeizuführen[33]. Allerdings gibt es seit jeher gewichtige Stimmen, die aufgrund des klaren Wortlautes des § 5 Abs. 4 KSchG diese Möglichkeit ablehnt[34]. Dazu kommt, daß soweit ersichtlich zumindest beim Abhilfeverfahren zwingend die Kammer in voller Besetzung zu

32 Gesetz zur Vereinfachung und Beschleunigung des arbeitsgerichtlichen Verfahrens (Arbeitsgerichtsbeschleunigungsgesetz) vom 30.3.2000, BGBl. I, 333.

33 KR-*Friedrich*, 7. Aufl. (2004), § 5 KSchG Rn.126; APS-*Ascheid*, 2. Aufl. (2004), § 5 KSchG Rn. 95; ErfK-*Ascheid*, 5. Aufl. (2005), § 5 KSchG Rn. 28; *v. Hoyningen-Huene/Linck*, 13. Aufl. (2002), § 5 KSchG Rn. 28; LAG Frankfurt Beschluß vom 27.3.1987 – 13 Ta 74/87 – LAGE § 55 ArbGG 1979 Nr. 2 = RzK I 10d Nr. 12 (LS) = AuR 1988, 60 (LS).

34 *Germelmann/Matthes/Prütting/Müller-Glöge*, 5. Aufl. (2004), § 55 ArbGG Rn. 32; ErfK-*Koch*, 5. Aufl. (2005), § 55 ArbGG Rn. 6; HaKo-*Gallner*, 2. Aufl. (2004), § 5 KSchG Rn. 70; LAG Frankfurt Beschluß vom 19.12.1986 – 13 Ta 347/86 – LAGE § 55 ArbGG 1979 Nr. 1 = NZA 1987, 536 (LS) = BB 1987, 1033 (LS).

entscheiden hat[35]. Durch eine Änderung des § 5 Abs. 4 Satz 1 KSchG und die gleichzeitige Aufnahme der nachträglichen Klagezulassung in den Katalog des § 55 Abs. 1 ArbGG kann das Verfahren der nachträglichen Klagezulassung deutlich beschleunigt werden.

Unter Beschleunigungsgesichtspunkten ist auch eine weitere Ergänzung des § 55 Abs. 1 ArbGG angezeigt. So sollte auch die Verwerfung eines unzulässigen Einspruchs - sei es gegen ein Versäumnisurteil oder einen Vollstreckungsbescheid, was beides gem. § 341 ZPO durch Urteil zu erfolgen hat - in den Katalog des § 55 Abs. 1 ArbGG aufgenommen werden. Nach derzeitiger Rechtslage hat die Verwerfung eines unzulässigen Einspruchs gegen ein Versäumnisurteil durch Urteil, welches auch außerhalb der mündlichen Verhandlung ergehen kann, durch die Kammer zu erfolgen. Hier erscheint eine Beteiligung der ehrenamtlichen Richter nicht zwingend, denn letztlich geht es in diesem Bereich um die Frage, ob der Einspruch innerhalb der einwöchigen Frist des § 59 ArbGG eingelegt ist bzw. aus anderen Gründen unzulässig ist. Es erfolgt eine reine Formalienprüfung. Mit einer entsprechenden Ergänzung des § 55 Abs. 1 ArbGG wäre zugleich auch die Streitfrage erledigt, ob bei einem unzulässigen Einspruch gegen ein Vollstreckungsbescheid gem. § 46a Abs. 6 ArbGG zwingend die Bestimmung eines Termins zur Verhandlung vor der Kammer erfolgen muß[36]. **29**

### c. Veränderung des § 55 Abs. 3 ArbGG

Darüber hinaus könnte auch über eine Veränderung des § 55 Abs. 3 ArbGG nachgedacht werden. Bislang ermöglicht § 55 Abs. 3 ArbGG den Parteien, auf deren übereinstimmenden Antrag hin eine Entscheidung durch den Vorsitzenden herbeizuführen. Voraussetzung ist, daß ein entsprechender Antrag in der Güteverhandlung gestellt wird und sich sofort die streitige Verhandlung anschließt und in dieser eine verfahrensbeendigende Entscheidung ergehen kann[37]. Bei normalen Abläufen, d.h., wenn zwischen Klageeingang und Güteverhandlung wenige Tage oder allenfalls drei Wochen liegen, wird es schwer sein, bereits einen ausreichenden schriftsätzlichen Vortrag zu haben. Geeignet für solche Einzelrichterentscheidungen sind etwa Rechtsstreite, bei denen es um die Auslegung einer Vertragsklausel geht oder die berühmte Streitfrage „80 oder 100% Entgeltfortzahlung?", die auf nahezu jeder Tagesordnung der Arbeitsgerichte stand. Es wäre überdenkenswert, den Parteien über § 55 Abs. 3 ArbGG hinaus die Möglichkeit an die Hand zu geben, eine Entscheidung durch den Vorsitzenden als Einzelrichter zu erhalten. Sinnvoll ist dies **30**

---

35 *Löwisch/Spinner*, 9. Aufl. (2004), § 5 KSchG Rn 33; *Germelmann/Matthes/Prütting/Müller-Glöge*, 5. Aufl. (2004), § 78 ArbGG Rn. 10; LAG Baden-Württemberg Beschluß vom 7.8.2002 – 15 Ta 12/02 – LAG Report 2003, 150.

36 So ausdrücklich LAG Bremen, Beschluß vom 17.8.1988 – 4 Ta 31/88 – LAGE § 46a ArbGG 1979 Nr. 1; LAG Baden-Württemberg, Beschluß vom 11.12.1990 – 14 Ta 15/90 – LAGE § 46a ArbGG 1979 Nr. 2; a.A. LAG Baden-Württemberg, Beschluß vom 27.5.1993 – 16 Ta 6/93 – LAGE § 700 ZPO Nr. 1 = NZA 1994, 575; *Germelmann/Mattes/Prütting/ Müller-Glöge*, 5. Aufl. (2004), § 46a ArbGG Rn. 29; ErfK/Koch, 5. Aufl. (2005), § 46a ArbGG, Rn. 17.

37 *Germelmann/Matthes/Prütting/Müller-Glöge*, 5. Aufl. (2004), § 55 ArbGG Rn. 28 ff.

mit Sicherheit nur, wenn es zu einer zügigeren Verfahrensbeendigung führt. Etwa zu denken ist an Fälle, wo zwischen den Parteien die korrekte Berechnung einer Karenzentschädigung nach §§ 74 ff. HGB streitig ist. Nur selten wird man bereits im Rahmen der Güteverhandlung abschließend den erforderlichen Rechenweg beurteilen und damit ein entsprechendes Urteil erlassen können. Da aber § 55 Abs. 3 ArbGG in seiner heutigen Fassung zwingend vorschreibt, daß die Entscheidung unmittelbar – ebenso die verfahrensbeendigende Entscheidung – im Anschluß an die Güteverhandlung erfolgen muß, steht dieser Weg eben nur selten offen.

**31** Auch im Falle einer Erweiterung des § 55 Abs. 3 ArbGG darf das System der ehrenamtlichen Richter keinesfalls auf dem Altar der Modernität geopfert werden. Die ehrenamtlichen Richter sind Teil der Gerichte für Arbeitssachen und müssen es auch bleiben. Eine Ausdehnung der Befugnisse der Vorsitzenden, wie sie in den vergangenen Jahren immer wieder stattgefunden hat, gefährdet das System jedoch nicht.

### d. Einstweiliger Rechtschutz in Beschlußverfahren

**32** Im Sinne einer Verfahrensbeschleunigung sollte auch überdacht werden, § 85 Abs. 2 ArbGG zu verändern. § 85 Abs. 2 Satz 2 ArbGG ordnet für den Fall einstweiliger Verfügungen in Beschlußverfahren ausdrücklich an, daß die Entscheidungen durch Beschluß der Kammer ergehen. Dies bedeutet, daß auch im Falle besonderer Dringlichkeit nicht der Vorsitzende alleine handlungsbefugt ist, sondern es einer Entscheidung durch eine Kammer bedarf. Gerade bei einstweiligen Verfügungen liegt regelmäßig eine besondere Dringlichkeit vor. Es steht jedoch oftmals keine voll besetzte Kammer zur Verfügung. Dies führt dazu, daß vor Erlaß einer entsprechenden einstweiligen Verfügung, zunächst die Mitarbeiterinnen und Mitarbeiter der Geschäftsstelle über die sog. „Hilfsliste" die entsprechenden ehrenamtlichen Richter beischaffen müssen. Hierdurch kann wertvolle Zeit verloren gehen. Insoweit erscheint es überlegenswert, § 85 Abs. 2 Satz 2 ArbGG dahingehend zu ändern, daß im Falle einer Entscheidung ohne mündliche Verhandlung, der Vorsitzende den Beschluß alleine erläßt.

## 2. Prozeßkostenhilfe und § 11a ArbGG

### a. Änderungen im Prozeßkostenhilfeverfahren

**33** Auf den ersten Blick nur bedingt unter dem Gesichtspunkt der Modernität, vor allem aber unter fiskalischen Erwägungen, verdient das Recht der Prozeßkostenhilfe und der Beiordnung nach § 11a ArbGG besonderes Augenmerk.

**34** Die Bewilligung von Prozeßkostenhilfe und in gewissem Umfang auch die Beiordnung nach § 11a ArbGG belasten die Justizhaushalte und damit auch die Gesamthaushalte der Länder in nicht zu vernachlässigender Weise. Zum einen wird durch die Gewährung von Prozeßkostenhilfe der der Staatskasse eigentlich zustehende Anspruch auf Gerichtsgebühren nach dem Gerichtskostengesetz verhindert. Daneben trägt die Staatskasse auch die Auslagen[38] etwa für Zeugen, Sachverständige, Dolmetscher und ähnliches. Im Unterschied zum Recht der Prozeßkostenhilfe sind diese Kosten bei einer Beiordnung nach § 11a ArbGG nicht miterfaßt[39]. Der Hauptteil der Kosten besteht jedoch in beiden Fällen in den Vergütungen der beigeordneten Rechtsanwälte. Wurden in Baden-Württemberg im Jahr 1998 hierfür alleine bei den Gerichten für Arbeitssachen etwa 2,63 Mio. € aufgewandt, so waren es im Jahr 2003 bereits mehr als 4,66 Mio. €[40]. Dies entspricht einer Steigerung in nur fünf Jahren um mehr als 75%. Im gleichen Zeitraum sind bei den Arbeitsgerichten (nur erste Instanz) allerdings auch die Verfahrenszahlen um mehr als 25% angestiegen[41]. Für das Jahr 2005 dürften durch die Änderung des § 115 ZPO durch Art. 34 des Gesetzes zur Einordnung des Sozialhilferechts in das Sozialgesetzbuch[42] durch die damit „versehentlich" erhöhten Freibeträge[43] noch weiter ansteigen[44].

Neben diesen fiskalischen Gesichtspunkten, welche zu einem Überdenken des Rechtes der Prozeßkostenhilfe Anlaß geben, muß jedoch auch das Verfahrensrecht einschließlich der funktionellen Zuständigkeit einer kritischen Prüfung unterzogen werden. **35**

Derzeit prüft der Vorsitzende ein Prozeßkostenhilfeersuchen dahin, ob die objektiven Bewilligungsvoraussetzungen gegeben sind, nämlich die hinreichende Aussicht auf Erfolg der Rechtsverfolgung bzw. Rechtsverteidigung und die fehlende Mutwilligkeit. Daneben obliegt ihm im Rahmen der Bewilligungsentscheidung auch die Prüfung der subjektiven Bewilligungsvoraussetzungen, also der persönlichen und wirtschaftlichen Verhältnisse der antragstellenden Partei. Nach Abschluß des Rechtsstreites und Festsetzung der Gebühren des beigeordneten Rechtsanwaltes, schließt sich in der funktionellen Zuständigkeit der Rechtspfleger das Verfahren zur Überprüfung der persönlichen und wirtschaftlichen Verhältnisses nach § 120 Abs. 4 ZPO an. Diese Aufgabenaufteilung zwischen Richter und Rechtspfleger muß sowohl unter Modernisierungsgesichtspunkten als auch unter fiskalischen Gesichtspunkten überdacht werden. Zur Verdeutlichung, mag folgendes Beispiel dienen: **36**

Ein Arbeitnehmer wird durch den Arbeitgeber außerordentlich fristlos gekündigt. Gegen diese außerordentliche Kündigung erhebt er – vertreten durch einen Rechtsanwalt – Kündigungsschutzklage zum Arbeitsgericht. Der Rechtsanwalt stellt zugleich mit der Klagerhebung einen Antrag auf Bewilligung von Prozeßkostenhilfe. **37**

---

38 Zum Begriff der Auslagen *Spinner*, in: Kreutzfeld, Neues Kostenrecht, Arbeitssachen richtig abrechnen, 1. Aufl. (2004) Rn. 433.

39 *Germelmann/Matthes/Prütting/Müller-Glöge*, 5. Aufl. (2004), § 11a ArbGG Rn. 84; LAG Hamm Beschluß vom 10.7.1981 – 8 Ta 133/81 – LAGE § 11a ArbGG 1979 Nr. 2 (LS) = EzA § 11a ArbGG 1979 Nr. 2.

40 Zwischenbericht der Justizministerien Baden-Württembergs und Niedersachsens, Begrenzung der Aufwendungen für die Prozeßkostenhilfe, 2005.

41 Statistik des Landesarbeitsgerichts Baden-Württemberg.

42 BGBl. I 2003, 3022 in Kraft seit 1.1.2005.

43 Ausweislich der Gesetzesbegründungen sollte durch die Verweisänderung lediglich eine redaktionelle Anpassung erfolgen, BTDrucks 15/1514, S. 75.

44 Zwischenzeitlich ist dieses Versehen korrigiert worden, BGBl. I 2005, 837 ff.

Da nach §§ 114 ff. ZPO die Entscheidung über den Antrag auf Bewilligung von Prozeßkostenhilfe möglichst umgehend zu erfolgen hat und zwar unter Beachtung des zum Zeitpunkt der Entscheidungsreife des Gesuchs vorhandenen Kenntnisstandes[45], wird regelmäßig, wenn nicht bereits die Kündigung sich als offensichtlich rechtmäßig darstellt, Prozeßkostenhilfe zu bewilligen sein. Unmittelbar nach Ausspruch der außerordentlichen Kündigung verfügt der klagende Arbeitnehmer regelmäßig über keinerlei Einkünfte. Der Arbeitgeber stellt aus seiner Sicht zu Recht jede weitere Gehaltszahlung ein und die Bundesagentur für Arbeit übt bei der Frage von Bewilligung von Arbeitslosengeld eine gesetzlich verordnete Zurückhaltung, § 144 Abs. 1 Satz 2 Nr. 1 SGB III. Sollte der Arbeitnehmer nicht über ein einzusetzendes Vermögen verfügen, ist ihm ratenfrei Prozeßkostenhilfe zu bewilligen. Nach mehreren Wochen – oftmals eher Monaten – endet der Rechtsstreit dann durch einen Vergleich, wonach die Parteien außer Streit stellen, daß das Arbeitsverhältnis erst aufgrund ordentlicher Kündigung zu einem bestimmten Datum enden wird und darüber hinaus der Arbeitgeber eine Sozialabfindung bezahlt.

**38** Nach der Rechtsprechung zahlreicher Landesarbeitsgerichte sind die Sozialabfindungen als Vermögenswerte im Rahmen der subjektiven Bewilligungsvoraussetzungen einzusetzen[46]. Häufig muß deshalb der Rechtspfleger nach Abschluß des Rechtsstreites die Zahlungsbestimmungen abändern und entweder eine Ratenzahlung festsetzen oder, wenn die Sozialabfindung entsprechend hoch ist, eine Zahlung aus dem Vermögen anordnen. Insoweit kommt es häufig zu einer zeitnahen, doppelten Prüfung der subjektiven Bewilligungsvoraussetzungen und folglich zur Inanspruchnahme der gerichtlichen Personalressourcen. Zunächst prüft der Richter im Rahmen der Bewilligungsentscheidung auch die subjektiven Voraussetzungen und, nach Abschluß des Rechtsstreites, sodann der Rechtspfleger im Rahmen des Überprüfungsverfahren nach § 120 Abs. 4 ZPO.

**39** Im Sinne eines effizienten Einsatzes der Personalressourcen ist es angebracht, das Prozeßkostenhilfebewilligungsverfahren von vornherein funktionell, und soweit es die Arbeitsgerichte angeht, auch zeitlich aufzuspalten. Dem Richter sollte lediglich die Entscheidung betreffend der objektiven Bewilligungsvoraussetzungen – die hinreichende Erfolgsaussicht und die fehlende Mutwilligkeit – obliegen. Erst nach Abschluß des Rechtsstreites sollte dann der Rechtspfleger auf Grundlage des abgeschlossenen Verfahrens über die subjektiven Bewilligungsvoraussetzungen entscheiden.

---

45 Zöller/*Philippi*, 25. Aufl. (2005), § 119 ZPO Rn. 44 ff.; LAG Berlin Beschluß vom 7.6.1982 – 12 Ta 6/82, KostRsp. ZPO § 114 Nr. 67.

46 LAG Baden-Württemberg Beschluß vom 12.1.1988 – 5 Ta 1/88 – n.v.; Beschluß vom 2.9.2004 – 15 Ta 15/04; LAG Berlin Beschluß vom 11.2.1983 – 9 Sa 126/82 – LAGE § 115 ZPO Nr. 6; LAG Hamburg Beschluß vom 13.8.1997 – 1 Ta 3/97 – LAGE § 115 ZPO Nr. 52; LAG Hamm Beschluß vom 19.2.2003 – 18 Ta 40/03 – NZA-RR 2003, 381; LAG Nürnberg Beschluß vom 27.1.2000 – 3 Sa 140/99 – MDR 2000, 588; Beschluß vom 24.8.1989 – 4 Ta 39/89 – LAGE § 115 ZPO Nr. 40; LAG Niedersachsen Beschluß vom 26.7.1998 – 16 Ta 143/98 – LAGE § 120 ZPO Nr. 32; LAG Rheinland-Pfalz Beschluß vom 6.3.1995 – 4 Ta 14/95 – LAGE § 115 ZPO Nr. 51.

Für die funktionelle Aufspaltung des Bewilligungsverfahrens spricht, daß die Rechtspfleger über die besseren Kenntnisse hinsichtlich der subjektiven Bewilligungsvoraussetzungen verfügen, etwa welche Vermögenswerte in Ansatz zu bringen sind und welche Schonbeträge abgesetzt werden können. Darüber hinaus kann auf diese Art eine Vielzahl von Überprüfungsverfahren nach § 120 Abs. 4 ZPO vermieden werden. Wird bereits im Rahmen des Bewilligungsverfahrens hinsichtlich der subjektiven Bewilligungsvoraussetzungen die entsprechende Aufklärung durch den Rechtspfleger selbst herbeigeführt, so ist es diesem viel einfacher möglich, die Frage zu klären, ob ein Überprüfungsverfahren durchzuführen oder dieses bereits vor seiner Einleitung einzustellen ist. **40**

Durch eine zeitliche Aufspaltung des Bewilligungsverfahrens kann auch gewährleistet werden, daß das Hauptsacheverfahren nicht dadurch verzögert wird, daß der Richter mehrfach Anfragen und Nachforderungen bzgl. einzelner Nachweise und Belege veranlassen muß. Zugleich führt eine auf die Zeit nach Verfahrensabschluß verschobene Prüfung der persönlichen und wirtschaftlichen Voraussetzungen dazu, daß die Frage der Anordnung von Raten und Zahlungen aus dem Vermögen sicherer beurteilt werden kann. Nebenbei hätte dies auch den Effekt, daß das Vergütungsfestsetzungsverfahren erst beginnen kann, wenn aus Sicht des Rechtspflegers alle erforderlichen Unterlagen mit aktuellen Nachweisen vorliegen. Insoweit steht zu erwarten, daß die Anwaltschaft in einem größeren Maß auf Vollständigkeit der erforderlichen Unterlagen hinwirken wird. **41**

Auch unter Beschleunigungsgesichtspunkten ist eine zeitliche Aufspaltung des Verfahrens angezeigt. Das Beschwerderecht der Vertretung der Staatskasse ist gemäß § 127 Abs. 2 ZPO i.V.m. § 127 Abs. 3 ZPO auf die subjektiven Bewilligungsvoraussetzungen beschränkt. Während des Laufes des Hauptsacheverfahrens ist dies mißlich, da die Vertretung der Staatskasse zumindest in Baden-Württemberg für alle Arbeitsgerichte des Landes beim Landesarbeitsgericht in Stuttgart angesiedelt ist. Damit die Vertretung der Staatskasse ihr Beteiligungs- und Beschwerderecht ausüben kann, müssen die Akten dorthin übersandt werden. Auch bei zügiger Handhabung stehen die Akten einige Tage nicht zur Verfügung. Wird eine Beschwerde eingelegt, so müssen die Akten möglicherweise mehrfach versandt werden, was im Extremfall dazu führen kann, daß der zunächst bestimmte Kammertermin in Ermangelung der Akte verschoben werden muß bzw. das Beschwerdeverfahren bis zum Abschluß der Instanz zurückgestellt wird. **42**

Sicherlich steht eine Arbeitsverdichtung bei den Rechtspflegern zu erwarten. Durch die Übertragung dieses Teils des Bewilligungsverfahrens auf die Rechtspfleger, kann jedoch der Arbeitsanfall im Laufe des Überprüfungsverfahrens deutlich reduziert werden. Zum einen kennt der Rechtspfleger dann bereits das Ergebnis des Rechtsstreites und hat selbst all die Unterlagen, welche er für erforderlich hält, vollständig in den Akten. Bei der Überprüfung kann er sich in weit höherem Maße als dies heute im Rahmen von § 120 Abs. 4 ZPO der Fall ist, der Unterstützung der Rechtsanwälte sicher sein. Im richterlichen Bereich würde auf alle Fälle eine Entlastung herbeigeführt werden. **43**

### b. Aufhebung des § 11a ArbGG

**44** In die gleiche Richtung geht schließlich auch die Frage, ob § 11a Abs. 1 und 2 ArbGG heute noch zeitgemäß sind. Bereits dann, wenn sich ein beklagter Arbeitgeber gegen eine Klage unter Zuhilfenahme eines Rechtsanwaltes verteidigt und die klagende Partei anwaltlich nicht vertreten ist, hat das Gericht auf Antrag der klagenden Partei dieser einen Rechtsanwalt beizuordnen. Anders, als im Rahmen der Bewilligung von Prozeßkostenhilfe, kann die Beiordnung nur unterbleiben, wenn sie aus besonderen Gründen nicht erforderlich ist, was bei der Komplexität der Fragen des Arbeitsrechts nur selten der Fall sein wird, oder wenn die Rechtsverfolgung offensichtlich mutwillig ist[47]. Die offensichtliche Mutwilligkeit ist allerdings weit schwerer festzustellen, als die hinreichende Erfolgsaussicht. Offensichtliche Mutwilligkeit kann nur dann angenommen werden, wenn die Rechtsverfolgung auf den ersten Blick ohne nähere Prüfung erkennbar aussichtslos ist[48]. Nur bei derart offensichtlichen Fällen aussichtsloser Rechtsverfolgung oder -verteidigung darf ein Antrag nach § 11a ArbGG zurückgewiesen werden.

**45** Diese Voraussetzungen sind derart hoch, daß im Regelfall einer „nur" aussichtslosen Rechtsverfolgung eine Beiordnung nach § 11a ArbGG nicht abgelehnt werden kann. Weiter ist zu beachten, daß § 11a Abs. 1 und 2 ArbGG zur Herstellung der Waffengleichheit[49] nicht zwingend sind. Das über § 11a Abs. 3 ArbGG geltende Recht der Prozeßkostenhilfe nach §§ 114 ff. ZPO hält mit § 121 Abs. 2 Satz 1 Variante 2 ZPO eine Regelung bereit, welche die Herstellung der Waffengleichheit sichert. Folglich ist es angezeigt, sowohl zur Schonung des Staatshaushaltes als auch zur Vermeidung völlig aussichtsloser Klagen die Vorschrift des § 11a Abs. 1 und 2 ArbGG grundsätzlich zu überdenken, d.h. abzuschaffen.

## 3. Änderungen im Bereich der Rechtsweg- und der örtlichen Zuständigkeit

**46** Im folgenden werden noch einige Fragen aus dem Bereich des Zuständigkeitsrechts aufgeworfen. Sowohl hinsichtlich der örtlichen Zuständigkeit als auch hinsichtlich der Rechtswegzuständigkeit, ist ein Modernisierungsbedarf gegeben.

### a. Veränderung des Gerichtsstandes nach § 29 ZPO

**47** Als ein weithin leidiges Problem der ersten Instanz, stellt sich die Frage der Auslegung des § 29 Abs. 1 ZPO dar. Jeder Arbeitsrichter der Eingangsinstanz kennt Fälle, in denen ihn ein Rechtsstreit im Rahmen einer Verweisung durch einen wohlmeinenden Kollegen ereilt. Nicht gemeint sind insoweit die Fälle, in denen versehentlich eine Klage zu einem offensichtlich örtlich unzuständigen Arbeitsgericht erhoben wird und dieses örtlich unzuständige Gericht den Rechtsstreit an das örtlich

---

47 *Germelmann/Matthes/Prütting/Müller-Glöge*, 5. Aufl. (2004), § 11a ArbGG Rn. 58.

48 *Germelmann/Matthes/Prütting/Müller-Glöge*, 5. Aufl. (2004), § 11a ArbGG Rn. 61; LAG Düsseldorf Beschluß vom 29.10.1986 – 14 Ta 245/86 – LAGE § 11a ArbGG 1979 Nr. 4 = JurBüro 1987, 440.

49 *Germelmann/Matthes/Prütting/Müller-Glöge*, 5. Aufl. (2004), § 11a ArbGG Rn. 1.

zuständige Arbeitsgericht verweisen muß[50]. Auch soll es vorkommen, daß Rechtsanwälte eine Klage zu einem Arbeitsgericht erheben, welches zwar durchaus zuständig sein könnte, sie aber die Hoffnung hegen, daß der Rechtsstreit an das eigentlich „gewünschte" Arbeitsgericht unanfechtbar verwiesen wird.

Das eigentliche Problem stellt sich im Rahmen der Auslegung des § 29 ZPO. Nach **48**
§ 29 Abs. 1 ZPO ist für Streitigkeiten aus einem Vertragsverhältnis und über dessen Bestehen das Gericht des Ortes zuständig, an welchem die streitige Verpflichtung zu erfüllen ist.

Der für § 29 Abs. 1 ZPO maßgebende Erfüllungsort ist gem. § 269 Abs. 1 BGB aus der Natur des Arbeitsverhältnisses zu bestimmen. Dabei ist in der Regel von einem einheitlichen (gemeinsamen) Erfüllungsort auszugehen[51]. Dies ist der Ort, an dem der Arbeitnehmer seine Arbeitsleistung zu erbringen hat, also der tatsächliche Mittelpunkt seiner Berufstätigkeit[52]. Ist die Arbeit an ständig wechselnden Orten zu erbringen, so richtet sich der Erfüllungsort bei „weisungsgebundener Entsendung" nach dem Ort des Betriebes, von dem aus der Arbeitnehmer seine Weisungen erhält[53]. Bei Zuweisung eines festen räumlichen Bezirks soll sich hingegen der gemeinsame Erfüllungsort aus dem Wohnsitz des reisenden Außendienstmitarbeiters ergeben, von welchem aus er die Reisetätigkeit im wesentlichen ausübt[54]. Andererseits wird auch vertreten, daß es einen derartigen gemeinsamen Erfüllungsort bei Außendienstmitarbeitern nicht gibt und es folglich bei den allgemeinen Regelungen bleibt[55].

Gerade im Bereich des Baugewerbes oder des Gebäudereinigerhandwerkes[56] - um **49**
nur zwei Branchen zu nennen - kommt es vor, daß ein Arbeitsverhältnis beispielsweise ausschließlich in Hamburg vollzogen wird. Mit der etwa in München ansässigen Unternehmung hat das Arbeitsverhältnis nur insoweit zu tun, als von dort die entsprechenden Lohnabrechnungen und Gehaltszahlungen veranlaßt werden. In Hamburg gibt es keine Niederlassung und keinen Unternehmenssitz. In einem solchen fiktiven Fall wird man schwerlich einen Gerichtsstand über die § 17 und § 21

50 Unerwähnt sollen in diesem Zusammenhang aber nicht die Fälle bleiben, in welchen quasi absprachegemäß die Rechtsantragstelle eines Arbeitsgerichts Klagen aufnimmt, welche zum eigenen Gericht erhoben werden und zugleich die Verweisung an ein anderes oft genug mit vollständiger Anschrift bereits bezeichnetes Arbeitsgericht beantragt wird.

51 So BAG, Urteil vom 9.10.2002 – 5 AZR 307/01 – AP Nr. 18 zu § 38 ZPO Internationale Zuständigkeit = EzA § 29 ZPO 2002 Nr. 1 = NZA 2003, 339.

52 BAG, Urteil vom 9.10.2002 – 5 AZR 307/01 (Fn. 51).

53 *Grunsky*, 7. Aufl., § 2 ArbGG Rn. 39a, LAG Rheinland-Pfalz, Urteil vom 29.11.1984 – 8 Sa 694/84 – NZA 1985, 540.

54 BAG, Urteil vom 12.6.1986 – 2 AZR 398/85 – AP Nr. 1 zu Art. 5 Brüsseler Übereinkommen = EzA § 269 BGB Nr. 2 = NJW-RR 1988, 482; LAG Bremen, Beschluß vom 3.9.2003 – 2 Ta 33/03 – LAGE § 36 ZPO 2002 Nr. 2 = NZA-RR 2004, 323.

55 *Ostrop/Zumkeller*, Die örtliche Zuständigkeit im Urteilsverfahren bei Außendienstmitarbeitern, NZA 1994, 644 mit zahlreichen Nw. aus der Rspr. der Instanzgerichte.

56 *Dewender*, Die örtliche Zuständigkeit im arbeitsgerichtlichen Urteilsverfahren – Zuständigkeit bei Auseinanderfallen von Wohn- und Arbeitsort am Beispiel des Gebäudereiniger-Handwerks, DB 2005, 1110.

ZPO in Hamburg begründen können. Aber auch nach § 29 Abs. 1 ZPO fällt es manchem Arbeitsrichter schwer, einen solchen in Hamburg anzunehmen und einen Beschluß entsprechend zu begründen. Er verweist folglich den Rechtsstreit mangels örtlicher Zuständigkeit des Arbeitsgerichts Hamburg an das Arbeitsgericht München. Das Arbeitsgericht München, welches von den wenigen Fällen greifbarer Gesetzeswidrigkeit (Willkür) abgesehen, an diese Entscheidung gebunden ist, muß möglicherweise - um den in Hamburg geschehenen Lebenssachverhalt aufzuklären - Zeugen vernehmen.

**50** In der Natur der Sache liegt es, daß diese Zeugen sich im fiktiven Beispielsfall in Hamburg befinden werden. Der Richter in München steht nun vor der Frage, die Beweisaufnahme durch einen ersuchten Richter in Hamburg durchführen zu lassen[57] oder die in Hamburg ansässigen Zeugen selbst am eigenen Gerichtssitz in München zu vernehmen. Letzteres Vorgehen verursacht in nicht unerheblichem Umfang Auslagen für die Zeugen, insbesondere Reise- und Übernachtungskosten. Im Sinne einer effektiven Arbeitsrechtspflege könnte der Gesetzgeber über einen besonderen Gerichtsstand für solche Fälle nachdenken. Dadurch könnte zumindest teilweise der „Verweisungskreisel“[58] der Arbeitsgerichte beendet werden. Im Sinne einer modernen und bürgernahen Arbeitsrechtspflege ist es wünschenswert, den örtlich näher am Geschehen befindlichen Arbeitsrichter mit der Durchführung des entsprechenden Rechtsstreites zu befassen.

### b. Rechtswegzuständigkeit

**51** Weiter können ohne Auflösung der Arbeitsgerichtsbarkeit Synergieeffekte dadurch erzielt werden, daß für Verfahren einheitliche Rechtswegzuständigkeiten begründet werden. Es entspricht der ständigen Rechtsprechung des Bundesarbeitsgerichts, daß betreffend der Arbeitspapiere nach § 2 Abs. 1 Nr. 3 lit. e ArbGG, für deren Herausgabe zwar die Gerichte für Arbeitssachen zuständig sind, für deren inhaltliche Richtigkeit jedoch die Finanz- bzw. Sozialgerichte[59]. Hier wäre es unter dem Gesichtspunkt einer bürgerfreundlichen Justiz angezeigt, diese Zuständigkeitsspaltung zu überdenken. Bereits mit der Arbeitsgerichtsnovelle vom 21.5.1979[60] wollte der Gesetzgeber durch die Klarstellung die davor bestehende Rechtsprechung der Obergerichte[61] korrigiert wissen. Sowohl die Lohnsteuerkarte als auch die

---

57 Vielleicht in der Hoffnung, die Geschäftsverteilung des Arbeitsgerichts Hamburg werde den verweisenden Richter als den zuständigen bestimmen.

58 *Gravenhorst*, Anmerkung zu Hessisches LAG Beschluß vom 8.1.2004 – 1 AR 36/03 – LAGE § 48 ArbGG Nr. 16.

59 BAG Urteil vom 13.7.1988 – 5 AZR 467/87 – BAGE 59, 169 = AP Nr. 11 zu § 2 ArbGG 1979 = EzA § 133 AFG Nr. 2 = NZA 1989, 321 = NJW 1989, 1947; BAG Beschluß vom 11.6.2003 – 5 AZB 1/03 – AP Nr. 84 zu § 2 ArbGG 1979 = EzA § 2 ArbGG 1979 Nr. 59 = NZA 2003, 877 = NJW 2003, 2629; ErfK-*Koch*, 5. Aufl. 2005, § 2 ArbGG Rn. 25 auch m. Nachw. zur Gegenansicht; a.A. *Germelmann/Matthes/Prütting/Müller-Glöge*, 5. Aufl. (2004) § 2 ArbGG Rn. 77 ff.; FG München Beschluß vom 9.6.2004 – 1 K 1234/04 – NZA 2005, 512 (Kurzwiedergabe).

60 BGBl. I 1979, 853.

61 Grundlegend Gemeinsamer Senat der Obersten Gerichtshöfe des Bundes, Beschluß vom 4.6.1979 – GmSOGB 2/73 – AP Nr. 3 zu § 405 RVO = NJW 1974, 2087 = BB 1975, 97 = DB 1975, 216; BAG

Bescheinigung nach § 312 SGB III sind Arbeitspapiere i.S.d. § 2 Abs. 1 Nr. 3 lit. e ArbGG. Aus dem Gesichtspunkt der Bürgerfreundlichkeit sprechen gute Gründe dafür, diese Verfahren sowohl hinsichtlich der Erteilung als auch der inhaltlichen Richtigkeit der entsprechenden Bescheinigung, insgesamt den Gerichten für Arbeitssachen zuzuweisen. Es ist kaum vertretbar, einen Arbeitnehmer zunächst auf den Klageweg zu den Gerichten für Arbeitssachen hinsichtlich der Erteilung einer Bescheinigung nach § 312 SGB III zu verweisen, er jedoch nach erfolgter Herausgabe die inhaltliche Richtigkeit der Bescheinigung vor den Sozialgerichten erstreiten muß. Hier ist eine entsprechende Neuordnung der Zuständigkeiten angezeigt.

Ein ähnliches Problem stellt sich auch im Rahmen des Sonderkündigungsschutzes für **52** Schwerbehinderte und Gleichgestellte nach §§ 85 ff. SGB IX, Arbeitnehmerinnen im Mutterschutz nach § 9 Abs. 3 MuSchG sowie Arbeitnehmer in Elternzeit nach § 18 Abs. 1 Sätze 2 und 3 BErzGG. Hier kommt es zum Parallellauf verschiedener Verfahren in unterschiedlichen Rechtswegen, die sich nicht selten wechselseitig blockieren. Zu überlegen ist, die Anfechtung einer behördlichen Zustimmungsentscheidung sowohl nach SGB IX als auch nach Mutterschutzgesetz und Bundeserziehungsgeldgesetz, auf die Arbeitsgerichte zu übertragen.

Insoweit ist zuzugeben, daß die Verwaltungsgerichte in diesen Fragen über hohe **53** Kompetenz verfügen. Allerdings kommt es auch immer wieder dazu, daß ein entsprechender Kündigungsschutzrechtsstreit im Falle eines Widerspruchs gegen die Zustimmungsentscheidung zur Vermeidung einer späteren Restitutionsklage ausgesetzt wird, bis eine rechtskräftige Entscheidung im Verwaltungsrechtsweg ergangen ist.

Die Schwierigkeiten, die für die Parteien eines Kündigungsschutzrechtsstreites hier- **54** mit verbunden sind, liegen auf der Hand. Das Annahmeverzugsrisiko eines Arbeitgebers, der zunächst ein mehrjähriges verwaltungsgerichtliches Verfahren ohne besondere Beteiligungsrechte und danach noch ein möglicherweise ebenfalls zwei Jahre dauerndes arbeitsgerichtliches Verfahren durch drei Instanzen abwarten muß, sieht sich wirtschaftlichen Problemen gegenüber, wenn das Bundesarbeitsgericht die Kündigung für unwirksam erklärt.

Aber auch der Arbeitnehmer ist in einem solchen Fall einer mehrjährigen Rechts- **55** unsicherheit ausgesetzt. Jeder Richter und jeder Prozeßbevollmächtigte weiß um die Besonderheit eines schwebenden Prozesses für die Psyche eines Arbeitnehmers. Die Belastung, die ein Arbeitnehmer dadurch erfährt, daß er über mehrere Wochen, Monate, ja sogar Jahre hinweg sich im Unklaren über den Fortbestand seines Arbeitsverhältnisses befindet, führt nicht selten genug dazu, daß er dieser Belastung kaum noch gewachsen ist. Für einen Arbeitnehmer, der nicht weiß, ob er noch in einem Arbeitsverhältnis steht, ist es schwierig, dieses loszulassen, oftmals mit der

---

Urteil vom 1.4.1976 – 4 AZR 96/75 – AP Nr. 34 zu § 138 BGB = EzA § 138 BGB Nr. 16 = BB 1976, 1079.

Sorge, daß – wenn er eine neue Beschäftigung aufnimmt – er möglicherweise überhaupt nicht mehr in das alte Arbeitsverhältnis zurückkehren kann. Daneben ist dieser Schwebezustand – vor dem Hintergrund der hohen Arbeitslosigkeit und der häufig fehlenden Möglichkeit, ein neues Arbeitsverhältnis einzugehen – mit massiven wirtschaftlichen Schwierigkeiten verbunden. Um keinen falschen Eindruck zu erwecken: Es geht nicht darum, die Zuständigkeit der Verwaltungsgerichte zu beschneiden, um damit die Zuständigkeit der Gerichte für Arbeitssachen zu erweitern und deren „Überleben" als eigenständige Gerichtsbarkeit zu sichern, zumal dieser Parallellauf auch bei nur noch zwei Gerichtsbarkeiten bestehen bliebe.

## IV. Ausblick auf das Berufungsverfahren

**56** Ein weiterer wichtiger Gesichtspunkt aus Sicht eines Richters der Eingangsinstanz, betrifft diesen lediglich im Reflex. Die Landesarbeitsgerichte als Berufungsgerichte müssen als volle Tatsacheninstanzen erhalten bleiben.

**57** Aus Sicht eines Richters in der Eingangsinstanz ist die Beibehaltung der Landesarbeitsgerichte als volle Tatsacheninstanz geboten. Sicherlich ist nicht in Abrede zu stellen, daß die Obergerichte aus haushalterischen Gesichtspunkten kostenträchtig sind. Allerdings führt die Beibehaltung der zweiten Instanz als Tatsacheninstanz mit den vorhandenen Beschränkungen hinsichtlich neuen Vorbringens in der zweiten Instanz dazu, daß die Prozesse in erster Instanz zügiger bearbeitet werden können.

**58** Das bedeutet nicht, daß die Eingangsinstanz wegen des Bestehens einer vollen zweiten Tatsacheninstanz, den dem Rechtsstreit zu Grunde liegenden Sachverhalt nicht aufzuklären und möglichst oberflächlich und lückenhaft festzustellen hat. Darüber hinaus wäre man als Richter der Eingangsinstanz aufgrund des Zurückverweisungsverbotes nach § 68 ArbGG auf der sicheren Seite, denn mit diesem Rechtsstreit könnte man nicht mehr befaßt werden. Häufig genug erlebt es der Richter der Eingangsinstanz, nachdem der entscheidungserhebliche Sachverhalt im Urteil festgestellt wurde, daß die Parteien erst in die Lage versetzt werden, den eigentlichen rechtlichen Schwerpunkt ihres Rechtsstreites zu erkennen.

**59** Würde man die zweite Instanz lediglich noch zur Rechtsprüfung einsetzen, wäre § 68 ArbGG nicht mehr haltbar, denn die Landesarbeitsgerichte müssten die erstinstanzlichen Entscheidungen aufheben und die Sache zur Neuverhandlung in die erste Instanz zurückverweisen. Fehlt es nach Auffassung des Landesarbeitsgerichts betreffend eines entscheidungserheblichen Punktes an ausreichenden tatsächlichen Feststellungen im angegriffenen Urteil, so stellt eine Zurückverweisung sicherlich einen zeitintensiveren Weg dar. Mit dem Beschleunigungsgrundsatz des § 9 Abs. 1 Sat 1 ArbGG ist dies kaum vereinbar.

**60** Sicherlich kann man im Sinne einer Vereinheitlichung des Berufungsrechtes darüber nachdenken, § 67 ArbGG und § 531 ZPO einander anzugleichen. Es sollte nicht aus dem Auge verloren werden, daß mit Einführung einer bloßen Rechtsprüfung in zweiter Instanz, das erstinstanzliche Verfahren erheblich befrachtet wird. Die erste

Instanz wird möglicherweise dazu neigen auch abseitigeren Vortrag zu überprüfen, um keine Zurückverweisung zu riskieren. Ob dies allerdings dann noch, wie von § 57 Abs. 1 Satz 1 ArbGG vorgesehen, in einem Kammertermin zu erledigen ist, erscheint zweifelhaft. Effizienzsteigerungen wären möglicherweise auch anders als durch die Abschaffung der Berufungsgerichte auch als Tatsachengerichte denkbar, etwa durch eine maßvolle Anhebung der bisherigen Berufungsgrenze von 600 €.

## V. Schlußbetrachtungen

Eine moderne arbeitsgerichtliche Eingangsinstanz muß neben einer prozeßordnungs- **61**
gemäßen Abwicklung von Rechtsstreitigkeiten immer auch das Arbeitsverhältnis – ein Dauerschuldverhältnis ganz besonderer Art – im Auge behalten. Das Arbeitsverhältnis bindet die Vertragsparteien auch heute noch über Jahre und Jahrzehnte hinweg. Das Arbeitsverhältnis ist – so hat das BAG im mehreren Entscheidungen, insbesondere zum Weiterbeschäftigungsanspruch während der Dauer des Kündigungsschutzverfahrens zum Ausdruck gebracht – ein besonders wichtiger Teil des allgemeinen Persönlichkeitsrechtes eines jeden Arbeitnehmers[62]. Wenn es in diesem Dauerschuldverhältnis zu Streitigkeiten kommt, bedarf es einer zügigen Herbeiführung von Rechtssicherheit. Dies ist notwendig sowohl für die Arbeitnehmer, als auch für die Arbeitgeber. Für beide Parteien ist eine überlange Verfahrensdauer bei den Gerichten für Arbeitssachen unter keinem Gesichtspunkt hinnehmbar. Ein über Jahre dauernder Kündigungsschutzrechtsstreit vernichtet oft genug die Existenz von Unternehmen. Dies kann nicht Sinn und Zweck einer Reform sein.

Nun möchte ich den Bogen zurückschlagen zum Ausgangspunkt meiner Betrachtung, **62**
nämlich der Frage, ob eine eigenständige Arbeitsgerichtsbarkeit die bessere Alternative ist. Die Diskussion über die Zusammenlegung der Gerichte für Arbeitssachen mit der ordentlichen Justiz und den damit erhofften Synergie- und Einspareffekten scheint mir eher zweifelhaft. Die Arbeitsgerichte stellen bei aller Kritik an einzelnen Entscheidungen, die gelegentlich geübt wird, einen zuverlässigen Hüter des Arbeitsrechtes dar. Die Materie des Arbeitsrechtes hat in den vergangenen Jahrzehnten sicherlich einen besonderen Spezialisierungsgrad der damit befaßten Personen hervorgebracht. Nicht ohne Grund hat die Anwaltschaft bereits frühzeitig einen Fachanwalt für Arbeitsrecht eingeführt. Durch eine Aufhebung der Gerichte für Arbeitssachen und deren Eingliederung in die ordentliche Justiz – etwa in besondere Spruchkörper, wie eine Kammer für Arbeitssachen – werden keine großen Einspareffekte erzielt werden. Sicherlich würde durch eine Aufhebung der Arbeitsgerichte als eigenständige Gerichte die Zahl der Präsidenten- und Direktorenstellen in der Arbeitsgerichtsbarkeit reduziert werden. Sie fielen nämlich weg. Ob allerdings effektiv ein Einsparpotential gegeben ist, ist eine ganz andere Frage. Möglicherweise werden die dann zur Aufnahme der Arbeitsrichter erkorenen Amts- oder Landgerichte hierdurch so groß, daß sie weitere Funktionsträger benötigen.

62 BAG Beschluß vom 27.2.1985 – GS 1/84 – BAGE 48, 122 = AP Nr. 14 zu § 611 Beschäftigungspflicht = EzA § 611 BGB Beschäftigungspflicht Nr. 9 = NZA 1985, 702 = NJW 1985, 2968.

**63** Das System der Zentralgerichte mit Außenkammern, die sich kraft Delegation – soweit zweckmäßig – selbst verwalten, hat sich besonders gut bewährt[63]. Seit mehreren Jahren arbeite ich nun an einem Gericht, welches neben dem Hauptsitz in Freiburg, zwei weitere Standorte in Offenburg und Villingen-Schwenningen hat. Derzeit sind am Arbeitsgericht Freiburg 16 Richter tätig, wovon jeweils sechs am Stammsitz in Freiburg, sechs weitere in Villingen-Schwenningen und vier in Offenburg tätig sind. Gleichwohl hat das Gericht nur eine Präsidentin und einen Vizepräsidenten und deckt doch annähernd den Zuständigkeitsbereich von vier Landgerichten ab. Auch fehlende Flexibilität des Personaleinsatzes bei Richtern und Rechtspflegern kann nicht festgestellt werden. Die Frage, ob man am Stammgericht oder an einer der Außenkammern des Gerichts tätig ist, ist eine Frage der Geschäftsverteilung, welche das Präsidium des Gerichts regelt, keine Frage einer Versetzung oder einer Abordnung. Dadurch ist es dem Präsidium möglich, auf entsprechende Schwankungen bei Fallzahlen oder auf mittelfristige Ausfälle einzelner Richter im Rahmen der vorhandenen Ressourcen zu reagieren. Ob im Falle einer Integration der Arbeitsgerichte in die ordentlichen Gerichte der Personaleinsatz tatsächlich flexibler wird, darf zumindest angezweifelt werden.

63 Zu diesem Aspekt ausführlich *Francken*, Das Neue Steuerungsmodell und die Arbeitsgerichtsbarkeit, NZA 2003, 457, 460 f.

## B. Diskussion

**Professor Dr. Volker Rieble:**

Wer Reformen will, der muß sich nicht nur große Sparziele und andere große Ziele setzen, sondern der muß am Schluß dann auch einfach richtig arbeiten. Also selbst wenn es zu einer Zusammenlegung käme, möchte ich nicht derjenige sein, der vorher die ZPO daraufhin abklopft, ob wirklich alle Vorschriften passen, der die Zusammenführungsorganisationsgesetze macht etc. **64**

Herr *Spinner* hat dankenswerterweise den Blick darauf gelenkt, daß man eben auch innerhalb des Arbeitsgerichtsverfahrens über die eine oder andere Verbesserung wirklich intensiv nachdenken muß.

**Edda Huther, Bayerischer Verfassungsgerichtshof und Oberlandesgericht München:**

Ich habe keine Frage, ich wollte nur sagen, daß ich es außerordentlich begrüße, daß sie den Gedanken der Mediation auch in der Arbeitsgerichtsbarkeit ins Gespräch bringen. Ich meine, daß das ein Gesichtspunkt ist, den wir wirklich durchdenken müssen und in dem noch Musik steckt. **65**

**Hans-Jürgen Spitzweg, Spitzweg Partnerschaft Rechtsanwälte:**

Wenn man sich das jetzt so vor Augen führt, was heute gesagt wurde, bleibt doch eigentlich im Zusammenhang mit der Zusammenführung die Flexibilisierung. Wenn man jetzt sieht – wie Herr *Spinner* aufgezeigt hat – wie vergleichsweise einfach das am Arbeitsgericht Freiburg zu funktionieren scheint, wäre doch daran zu denken, dieses Präsidialmodell in einem größeren Zusammenhang zusammenzufügen, um an dieser Stelle die mögliche Flexibilisierung zu erhöhen. Und ein anderes ist mir auch noch aufgefallen, die Einarbeitung in unterschiedliche Fachbereiche. Als jemand, der zwar schwerpunktmäßig im Arbeitsrecht arbeitet, aber auch sehr viel mit der ordentlichen Gerichtsbarkeit zu tun hat, meine ich, der Vorsitzende Richter einer Kammer für Handelssachen, der bis vor kurzem Strafrichter war und nun seinen ersten Wettbewerbsfall zu entscheiden hat, steht sicher nicht vor geringeren Einarbeitungsproblemen als der Familienrichter, der nun – ich bleibe jetzt ganz im Extremen – seinen ersten betriebsverfassungsrechtlichen Fall zu entscheiden hat; so daß – wie Frau *Huther* gesagt hat – sicher keine Tendenz bestehen wird, nun ständig alle fachlichen Dinge durcheinanderzumischen, um möglichst nirgendwo etwas entstehen zu lassen. Aber so undenkbar scheint es mir nicht mehr zu sein, daß es nur an der fachlichen Seite eines ganzen Gerichts bleibt. **66**

**Volker Rieble:**

67 Herr *Breinlinger*, Sie haben einen Dialog gefordert und Sie haben ihn, glaube ich, bekommen. Man kann sagen, daß alle Positionen kreuz und quer vertreten worden sind. Daß das Thema im Moment vielleicht nicht so viele Personen interessiert, ist, glaube ich, nicht so wichtig, denn es kommt garantiert wieder. Spätestens wenn die Sparkommissare wieder mit brennenden Fackeln durch das Land reiten und gucken, wo man welchen Teppich noch einziehen kann. Dementsprechend werden wir uns mit diesen Fragen sicherlich noch weiter auseinandersetzen müssen. Ich hoffe, Ihnen ist es so ergangen wie mir, ich habe heute etwas dazu gelernt. Ich kenne nun noch mehr Positionen, noch mehr Argumente und kann dementsprechend meine Meinung besser vortreiben. Vielen Dank.

**Axel Breinlinger, Bundesarbeitsgericht:**

68 Weil Sie mich gerade angesprochen haben, ich glaube, ich spreche im Namen der Teilnehmer — jener, die zugehört haben, jener, die mit diskutiert haben und jener, die vorgetragen haben. Vielen Dank für die Möglichkeit miteinander zu sprechen, die uns das ZAAR unter Ihrer Leitung heute gegeben hat. Und ich glaube, wenn wir alle nach dem heutigen Tag ein ganz kleines bißchen klüger geworden sind als vorher, dann hat sich die Sache gelohnt. Vielen Dank Herr *Rieble* und vielen Dank an das ZAAR.

# Abkürzungsverzeichnis

a.A. ............... anderer Auffassung
a.a.O. ............ am angegebenen Ort
Abs. ............... Absatz
AcP ............... Archiv für civilistische Praxis
a.D. ............... außer Dienst
ADAC ............. Allgemeiner Deutscher Automobil-Club
AFG ............... Arbeitsförderungsgesetz
AGB ............... Allgemeine Geschäftsbedingungen
AL ................. Amtsleiter
AP ................. Arbeitsrechtliche Praxis
APS ............... Ascheid/Preis/Schmidt, Kündigungsrecht
AR ................. Amtsrat
ArbGV ............ Arbeitsgerichtsverfahren
ArbGG ............ Arbeitsgerichtsgesetz
Art. ................ Artikel
Artt. ................ Artikel (Pl.)
Aufl. .............. Auflage
AuR ............... Arbeit und Recht
B. .................. Bekanntmachung
BAG ............... Bundesarbeitsgericht
BAGE ............. Entscheidungen des Bundesarbeitsgerichts
BB ................. Der Betriebs-Berater
BDA ............... Bundesvereinigung der Deutschen Arbeitgeberverbände
BetrAVG .......... Betriebsrentengesetz
BetrVG ............ Betriebsverfassungsgesetz
BFH ............... Bundesfinanzhof
BGB ............... Bürgerliches Gesetzbuch
BGBl .............. Bundesgesetzblatt
BGH ............... Bundesgerichtshof
BGHSt ............ Entscheidungen des Bundesgerichtshofes in Strafsachen
BGHZ .............. Entscheidungen des Bundesgerichtshofes in Zivilsachen
BRD ................ Bundesrepublik Deutschland
BSG ................ Bundessozialgericht
BTDrucks.......... Drucksachen des Deutschen Bundestages
BVerfG ............ Bundesverfassunggericht
BVerfGE .......... Entscheidungen des Bundesverfassungsgerichts
BVerwG ........... Bundesverwaltungsgericht
bzw. ............... beziehungsweise
ca ................... circa
DB .................. Der Betrieb
DDR ................ Deutsche Demokratische Republik
ders. ............... derselbe
d.h. ................ das heißt
Diss. ............... Dissertation
DJT ................. Deutscher Juristentag
DriG ................ Deutsches Richtergesetz
DRiZ ................ Deutsche Richterzeitung
EGZPO ............ Einführungsgesetz zur Zivilprozeßordnung
ErfK ................ Erfurter Kommentar
etc ................. et cetera
e.V. ................ eingetragener Verein
EzA ................. Entscheidungssammlung zum Arbeitsrecht
f. ..................... folgende Seite
ff. .................... folgende Seiten
FG ................... Finanzgericht
FGG ................. Gesetz ü.d. Angelegenheiten der freiwilligen Gerichtsbarkeit
Fn. .................. Fußnote
FS ................... Festschrift

GmSOGB ......... Gemeinsamer Senat d. obersten Gerichtshöfe d. Bundes
GG ................. Grundgesetz
ggf. ................ gegebenenfalls
GKG ............... Gerichtskostengesetz
GRUR ............. Gewerblicher Rechtsschutz und Urheberrecht
GS ................. Großer Senat
GVG ............... Gerichtsverfassungsgesetz
HaKo .............. Handkommentar
Hg.................. Herausgeber
HGB ............... Handelsgesetzbuch
IG Metall ......... Industriegewerkschaft Metall
IHK ................ Industrie- und Handelskammer
i.S.v. .............. im Sinne von
JurBüro ........... Das juristische Büro
JZ .................. Juristenzeitung
K ................... Kammer
Komm. ............ Kommentar
krit. ................ kritisch
KR.................. Gemeinschaftskommentar zum Kündigungsschutzgesetz
KSchG ............ Kündigungsschutzgesetz
LAG ................ Landesarbeitsgericht
LAGE .............. Entscheidungen der Landesarbeitsgerichte
LS .................. Leitsatz
m.................... mit
MDR ............... Monatsschrift für Deutsches Recht
Mio................. Million/en
Mrd. ............... Milliarde/n
m.w.N............. mit weiteren Nachweisen
Nachw. ........... Nachweis/en
n.F. ................ neue Fassung
NJW ............... Neue Juristische Wochenschrift
NJW-RR .......... NJW-Rechtsprechungs-Report
Nr. ................. Nummer
n.v. ................ nicht vorhanden
NVwZ ............. Neue Zeitschrift für Verwaltungsrecht
NVwZ-RR ........ NVwZ-Rechtsprechungs-Report
NZA ............... Neue Zeitschrift für Arbeitsrecht
NZA-RR .......... NZA-Rechtsprechungs-Report
NZS ............... Neue Zeitschrift für Sozialrecht
OLG ............... Oberlandesgericht
PersV ............. Die Personalvertretung
RdA................ Recht der Arbeit
Rn. ................ Randnummer
Rspr. .............. Rechtsprechung
RVO ............... Reichsversicherungsordnung
RzK................ Rechtsprechung zum Kündigungsrecht
S. .................. Seite; Satz
SAR................ Strukturanalyse der Rechtspflege
SGB ............... Sozialgesetzbuch
SGG ............... Sozialgerichtsgesetz
SGGÄndG........ Gesetz zur Änderung des Sozialgerichtsgesetzes
SozR .............. Sozialrechtliche Rechtsprechung und Schrifttum
SPD................ Sozialdemokratische Partei Deutschlands
StGB .............. Strafgesetzbuch
TVG ............... Tarifvertragsgesetz
Univ. .............. Universität
UrhG .............. Urheberrechtsgesetz
vgl. ................ vergleiche
VwGO ............. Verwaltungsgerichtsordnung
ZAAR.............. Zentrum für Arbeitsbeziehungen und Arbeitsrecht
z.B. ................ zum Beispiel

ZfA ................ Zeitschrift für Arbeitsrecht
ZIP ................ Zeitschrift für Wirtschaftsrecht
ZPO ................ Zivilprozeßordnung
ZPO-RG ........... Zivilprozeßreform Gesetz
ZRP ................ Zeitschrift für Rechtspolitik
ZZP ................ Zeitschrift für Zivilprozeß

# Sachregister